# WAARHEDEN ALS KALFJES

# *Waarheden als kalfjes*

## *Opstekertjes voor experts, stafleden, managers, topvrouwen en andere lijders*

samengesteld door Gaby Vanden Berghe

lannoo

scriptum management

Omslagontwerp Studio Lannoo
D/1998/45/229 - ISBN 90 209 3504 6 - NUGI 503

Gezet, gedrukt en gebonden bij Drukkerij Lannoo nv, Tielt

# Intelligente emotie

*Menig mens vindt zijn hart niet*
*voordat hij zijn hoofd heeft verloren.* (Friedrich Nietzsche)

Aan boekjes met opstekers voor kaderleden, managers en gelijkgestelden is geen gebrek. Het leek geen zin te hebben zoveel uitmuntend werk nog eens over te doen, vooral omdat het doorgaans zo bloedserieus is dat de lectuur ervan vaak meer vermoeit dan verkwikt. Te veel waarheden als heilige koeien in één sloot. Maar misschien heeft wie leiding te nemen en te geven heeft, al was het slechts in en aan zijn eigen leven, af en toe meer behoefte aan 'waarheden als kalfjes'? Aan korreltjes zout, keerzijden, tegendraadsheid? Aan *af*stekertjes? Aan een glimlach van intelligente emotie? Uit zo'n vermoeden is dit boekje gegroeid.

Het bevat geen 'Gouden Raad van Oompje Praat' in de trant van: Stel niet uit tot morgen wat gij heden kunt doen *(Benjamin Franklin);* geen gillers als: Werken schrikt alleen de slappelingen af *(Louis XIV kende zichzelf);* Werken! Het enige waar men nooit spijt van heeft *(Pierre Benoît);* of: Niemand bezit een ander recht dan dat om zijn plicht te doen *(Auguste Comte);* geen pseudo-diepzinnigheden als: De grote mensen zijn de coëfficiënten van hun eeuw *(Victor Hugo);* De echte waarde van een mens wordt bepaald door te onderzoeken in welke mate en in welke zin hij erin geslaagd is zich te bevrijden van het Ik *(Albert Einstein);* of: Grandeur is een weg naar iets dat men niet kent *(Charles de Gaulle).* En geen geitenwollen wijsheid in de aard van: Wie gehoorzaamt is bijna altijd beter dan wie beveelt (*Ernest Renan);* of: Kritiek wordt alleen geuit door mensen die je liefhebben *(Federico Mayor, directeur-generaal van de Unesco).*

Leidraad was veeleer de gedachte van Josh Billings: 'Gezonde nonsens is gezond verstand in vermomming'. Zowel voor als tegen humor, ironie of sarcasme valt niet weinig te zeggen maar het voornaamste is wel: wie alleen maar gelachen (of gevloekt) heeft, heeft er de essentie van niet begrepen. Voor wie kan kijken is de beruchte 'dubbele bodem' altijd aanwezig zoals 'onder het plaveisel het strand'. Glimlachen is óók nadenken. Dat dit een breviertje voor doordenkers is, moge trouwens blijken uit de dozijnen bekende en minder bekende citaten waarmee (vermoedelijk) helemaal niet te lachen valt, en die elkaar ook onbeschaamd tegenspreken. Vaak stammen ze van mensen met kennis van zaken (doen), die echter het hunne denken van het Gouden Kalf - (macht, vooruitgang, efficiëntie, geld...) - juist doordat zij er dagelijks zonder complexen omgang mee hebben. Het is hun niet om het eerste, en zeker niet om het enige of laatste woord te doen.

Misschien kun je stellen dat in dit scharrelboekje vooral kopergouden kalfjes worden gepresenteerd: 'waarheden' van vier delen koper en één deel zink. 'Schijngoud', beweert Van Dale maar schijn, zoals trouwens écht goud, bedriegt alleen als men er zich zonder na te denken aan vergaapt.

*Wees niet arrogant omdat je zoveel weet: ga evenzeer te rade bij ongeletterden als bij geleerden. Gezond verstand is even zeldzaam als malachiet; en toch tref je het aan onder slavinnen bij de molenstenen.* (Ptahhotep)

***Aansporing.*** Je moet de stier bij de tanden grijpen. *(Samuel Goldwyn)*

Laat de patat niet los. *(Spreekwoord van de Cajun-indianen in Louisiana; laat je niet doen; geef niet op; verspil je kans niet.)*

Heren, in de korte tijd die ons nog scheidt tussen crisis en catastrofe, kunnen we net zo goed een glas champagne tot ons nemen. *(Paul Claudel)*

Kop op! Het ergste moet nog komen. *(Philander Johnson)*

***Aanwerven.*** Werf nooit kinderen van je klanten aan. *(David Ogilvy)*

Een sollicitant verklaarde aan Herbert H. Dow, president van de Dow Chemical Company, dat hij niet alleen al de vereiste kwalificaties bezat maar bovendien nog nooit en nergens een vergissing had begaan. Dow antwoordde: 'Dat is erg jammer. We hebben drieduizend mensen in dienst en gemiddeld gaat elk van hen elke dag wel ergens in de fout. U begrijpt dat wij hen niet kunnen beschamen door iemand aan te werven die zich nooit vergist.'

Te oordelen naar de kwaliteiten welke bij een bediende worden verwacht, zouden heel wat patroons niet geschikt worden bevonden om bediende te zijn.
*(Pierre de Beaumarchais)*

Het kan me geen barst schelen of een man uit de Sing Singgevangenis komt of uit de Harvarduniversiteit: we werven de man aan, niet zijn geschiedenis. *(Henry Ford)*

Een kapitein werft geen potentiële kolonel aan. *(Lee Iacocca)*

***Actie.*** Verwar activiteit nooit met actie. *(Ernest Hemingway)*

Als je daden voor zichzelf spreken, onderbreek ze dan niet. *(Henry Kaiser)*

Eén ons actie is meer waard dan een ton theorie. *(Friedrich Engels)*

***Adverteren.*** Zaken doen zonder te adverteren is als een meisje wenken in het donker. Jij weet wel wat jij doet, maar niemand anders weet dat. *(Stuart H. Britt)*

*We live again* (1934) werd geadverteerd als: 'De grootste film aller tijden met 's werelds grootste scenarioschrijver. De geniale directie van Mamoulian, de weergaloze schoonheid van Anna Sten en het genie van producer Samuel Goldwyn hebben samen gezorgd voor het meest fabuleuze entertainment aller tijden!' Zei Goldwyn: 'Zo hoort een advertentie te zijn: feiten, feiten en niets dan feiten.' De film werd een weergaloze flop.

***Advies.*** Het beste advies dat je jongeren kunt geven is: 'Zoek uit wat je het liefst zou doen met je leven; en zoek dan iemand die jou wil betalen om dat te doen.' *(Katherine Whitehorn)*

Niets is zo vies als advies. *(Marie Dressler)*

Menig man wordt geprezen wegens zijn wijsheid omdat hij advies inwint, daarna raad vraagt omtrent welk advies hij het best zou volgen, en ten slotte zijn eigen zin doet. *(Austin O'Malley)*

***Advocaat.*** Nood kent geen wetten; ik ken nogal wat advocaten van wie je hetzelfde kunt zeggen. *(Benjamin Franklin)*

Ik heb mijn advocaat niet nodig om me te vertellen wat ik niet mag doen: ik betaal hem om me te zeggen hoe ik ongestraft kan doen wat ik wil doen. *(J. Pierpont Morgan)*

***Afwezigheid.*** Niets is zo vaak afwezig als tegenwoordigheid van geest. *(Rivarol)*

***Ambitie.*** Ik heb te veel ambitie om ambitieus te zijn. *(Louis Scuténaire)*

Toen ik zes was wilde ik kok worden en toen ik zeven werd Napoleon. Sindsdien is mijn ambitie blijven groeien. *(Salvador Dali)*

Ik heb nooit geduld genoeg gehad om ambitieus te kunnen zijn. *(Jules Renard)*

Als de mensen ophouden te geloven dat ze ooit goden zullen worden, worden ze zeker wormen. *(Henry Miller)*

***Aperitief.*** De teloorgang van het aperitief zou wel eens het meest deprimerende verschijnsel van onze tijd kunnen zijn. *(Luis Buñuel)*

Ik heb meer uit alcohol gehaald dan de alcohol uit mij. *(Winston Churchill)*

***Applaus.*** Een man snakt naar lof om gerustgesteld te worden, om bevrijd te worden van de twijfels aan zichzelf. Wanneer hij zeker is van zijn succes laat applaus hem koud. *(Alec Waugh)*

***Arbeidsvreugde.*** Zelfs de kwalijkste beroepen bieden hun momenten van intense arbeidsvreugde. Als ik grafdelver was, of zelfs beul, dan zou ik met niet weinig plezier werken voor bepaalde mensen. *(Douglas Herrold)*

***Argumentatie.*** Niets is rampzaliger dan de haastige conclusie dat een opinie waardeloos is omdat ze slecht wordt beargumenteerd. *(Thomas H. Huxley)*

Vaak wordt een betoog alleen bestreden wegens de onsympathieke toon waarop het werd gepresenteerd. *(Friedrich Nietzsche)*

***Armoede*** is geen schande, en zeker niet als je haar eerlijk hebt verdiend en bereid bent haar met anderen te delen. *(Mark Kortehove)*

Ik ben rijk geweest en ik ben arm geweest. Geloof me maar: rijk zijn is beter. *(Sophie Tucker)*

De ellende aan arm zijn is dat het al je tijd in beslag neemt. *(Willem de Kooning)*

De veelgehoorde bewering dat misdaad veroorzaakt wordt door armoede belastert de armoede. *(Henry Louis Mencken)*

***Autoriteit*** vergiftigt iedereen die haar op zich neemt. *(Vladimir Iljitsj Lenin)*

Niet zonder verbazing stelde ik vast dat autoriteit in grote mate fictie is, en er vooral in bestaat dat de anderen erin geloven. *(Claude Bourdes)*

Een topkaderlid is een maagzweer met autoriteit. *(Fred Allen)*

Al wie een autoriteit citeert als argument, gebruikt zijn verstand niet maar alleen zijn geheugen. *(Leonardo da Vinci)*

***Baas.*** Heel wat medewerkers die vinden dat hun baas een idioot is, zouden geen medewerkers meer zijn als hij dat niet was. *(Jacob M. Braude)*

Een patroon is altijd geneigd om te vroeg tussen te komen. *(Lee Iacocca)*

Krenterigheid bij de baas is voor zijn werknemers een spoorslag om op hun krent te zitten. *(James Goldsmith)*

***Bedrijfsblindheid.*** We lopen onbezorgd de afgrond in nadat wij er een scherm voor hebben geplaatst om hem niet te zien. *(Blaise Pascal)*

***Beginnen.*** Als iets ten einde loopt, moeten we durven denken: 'Iets is aan het beginnen.' *(Rudolf Steiner)*

Niets is begonnen op het moment waarop je denkt dat het begonnen is. *(Lilian Hellman)*

De banken konden zich mij niet permitteren. Daarom moest ik wel een zaak beginnen als zelfstandige.
*(Samuel Goldwyn)*

Ik ben begonnen met niets, het grootste deel daarvan bezit ik nog altijd. *(M. Davies)*

***Begrip.*** Bestaat er iets gevaarlijkers dan welwillend begrip? *(Pablo Picasso)*

Als men iemand niet begrijpt, is men altijd geneigd *hem* te beschouwen als een dwaas. *(Carl Gustav Jung)*

***Beheren.*** Bekrompen geesten zijn vaak de beste beheerders. *(Joseph Rickaby)*

***Bekentenis.*** Ik moet u iets bekennen: ik kan het niet verhelpen, maar ik ben gelukkig. Ik heb daartegen gevochten maar tevergeefs. Afgezien van een slordige vijf minuten hier en daar ben ik heel mijn leven gelukkig geweest. Ik ben er me zeer bewust van dat ik daar geen enkele verdienste aan heb. Het is gewoon het resultaat van erfelijke factoren, gezondheid, geluk en een beperkte intelligentie. *(Arthur Marshall)*

Toen ik jong was, was ik ervan overtuigd dat rijkdom en macht me gelukkig zouden maken. Ik had het bij het rechte eind. *(Gahan Wilson)*

***Bekoring.*** De wereld staat in bloei dankzij hen die toegeven aan de bekoring. *(Julien Gracq)*

Wie nog nooit bekoord werd, weet niet hoe oneerlijk hij is. *(Josh Billings)*

***Bekwaamheid.*** Vroeg of laat wordt elke post bemand door iemand die daarvoor niet bekwaam is. Het werk wordt uitgevoerd door de mensen die hun niveau van onbekwaamheid nog niet hebben bereikt. *(Laurence J. Peter)*

Juist door zijn buitengewone bekwaamheid is een specialist zo gevaarlijk. *(Alexis Carrel)*

***Belachelijk*** bestaat niet: wie dat niet durft geloven, zal de wereld nooit veroveren. *(Octave Mirbeau)*

***Belasting.*** Niets ter wereld valt zo moeilijk te begrijpen als de belasting op de inkomsten. *(Albert Einstein)*

Er is maar één ding dat meer pijn doet dan belasting moeten betalen: geen belasting hoeven te betalen.
*(Thomas R. Dewar)*

Pak van Caesar alles af wat aan Caesar niet toekomt.
*(Paul Eluard)*

***Berusten.*** Weinig mensen slagen erin te berusten in een klein verlies. Grote verliezen daarentegen ondergaan ze met grote gelatenheid. *(Italo Svevo)*

Lang geleden al leerde ik nooit te worstelen met een varken. Je wordt er smerig van, en varkens doen niets liever.
*(Cyrus Ching)*

***Bescheidenheid*** siert grote mensen, maar niets betekenen en toch bescheiden zijn dát is een ander paar mouwen. *(Alfred Capus)*

Het is altijd beter de anderen bescheiden te laten zijn in uw plaats. *(Henri Duvernois)*

Bescheidenheid is een zwaar overschatte deugd.
*(John Kenneth Galbraith)*

Je kunt maar beter niet bescheiden zijn in aanwezigheid van lieden die niet begrijpen waarom je dat bent.
*(Jean Rostand)*

***Beslissing.*** Onze definitieve beslissingen worden genomen in een gemoedstoestand die verre van definitief is.
*(Marcel Proust)*

Ook een juiste beslissing is verkeerd als ze te laat werd genomen. *(Lee Iacocca)*

Wanneer iemand zegt dat hij 'een realistische beslissing' heeft genomen, begrijp je onmiddellijk dat hij besloten heeft iets kwalijks te doen. *(Mary McCarthy)*

Een onthutsend groot percentage van de managers twijfelt er nooit aan dat zijn beslissingen de juiste zijn. *(Fortune)*

Ik heb niets te zeggen. En ik zal dat maar één keer zeggen. *(Floyd Smith)*

***Besluitvaardigheid.*** Als ik slechts één woord zou mogen gebruiken om een goed manager te typeren, zou ik 'besluitvaardigheid' kiezen. Je kunt de meest geavanceerde computers gebruiken om alle gegevens te verzamelen en alle cijfers te interpreteren, maar daarna moet je een beslissing nemen en een tijdschema opstellen. Sommigen noemen me flamboyant en impulsief, de man met de natte vinger in de lucht; maar als dat waar zou wezen, had ik nooit succes kunnen boeken. *(Lee Iacocca)*

Wanneer ze hun lunch bestellen, gedragen topmanagers zich even besluiteloos als wij allen. *(William Feather)*

Extreme standpunten worden niet afgelost door gematigde maar gevolgd door tegengestelde extreme standpunten. *(Friedrich Nietzsche)*

De vuilnisbakken van de geschiedenis puilen uit van aanslepende goede voornemens. *(Alain)*

***Bestuur.*** Van een bestuurscollege wordt verwacht dat het een boom vol uilen is die beginnen te krassen zodra de zaakvoerders zich begeven naar een verkeerde uithoek van het bos. Ik ben nog altijd niet overtuigd dat die uilen er ook maar een flauw idee van hebben waar dat bos mag wezen. *(Robert Townsend)*

***Beurs.*** Koop de geruchten, verkoop het nieuws. *(Beurs-adagium)*

***Beursnoteringen*** maken de spelregels. Het nieuws, oorlog, vrede, hongersnood, oproer, de prijs van de paperclips. De beurzen toveren het konijn uit de hoed terwijl iedereen erbij staat en zich gapend van verbazing afvraagt hoe ze dat klaarspelen. Je bent toch niet zo naïef om te geloven dat we in een democratie leven, nietwaar kameraad? We leven in een vrije markt, snap je me?
*(Oliver Stone)*

***Beurspaniek.*** Er valt plezier te beleven aan de uitwaaierende idiotie van het menselijk bedrijf tijdens een grote paniek op de beurs: wat zich daar afspeelt is een verschrikkelijk drama hoewel er niets anders wordt verloren dan geld. *(John Kenneth Galbraith)*

***Bewondering.*** Het is geen kleine gave perplex te kunnen staan. *(H. S. Haskins)*

Iedereen moet als individu worden gerespecteerd en niemand mag worden verafgood. Het is een ironie van het lot dat ik het voorwerp ben geworden van overdreven bewondering en respect vanwege mijn medemensen, hoewel ik daartoe niets had misdreven en dat niet had verdiend. *(Albert Einstein)*

Het is een zeer verbreide vergissing dat de mensen naar wie we opkijken in alles goed zijn, en dat zij op wie we neerzien goed zijn voor niets. *(George Savile)*

***Bidden.*** Slechts weinigen durven luidop de gebeden herhalen die ze gericht hebben tot de Almachtige.
*(Michel de Montaigne)*

***BNP:*** brute nationale prognostiek. *(Ralph Harris)*

De mens leeft niet van BNP alleen. *(Paul A. Samuelson)*

***Brutaliteit.*** Wees nooit brutaal tenzij met opzet en alleen tegenover mensen die machtiger zijn dan jou. *(Alain)*

We zijn vrijpostiger tegenover anderen dan tegenover onszelf. *(Friedrich Nietzsche)*

***Buigen.*** Hou het gezicht in de gaten van hen die diep voor je buigen. *(Pools spreekwoord)*

***Bureaucratie.*** Bureaucraten hebben alleen oog voor deelproblemen. Als je overtuigd bent dat Picasso voortreffelijk benen schildert, vraag je hem voor je benen; en aangezien Matisse een meester is wat fraaie koppen betreft, zet je hem aan het werk voor je hoofd. Zo ga je door, en dan ben je verbaasd dat het eindresultaat zo afschuwelijk is. *(Henry Alfred Kissinger)*

Het enige wat ons kan redden van de bureaucratie is haar inefficiëntie. De grootste bedreiging van onze vrijheid is een efficiënte bureaucratie. *(Eugene McCarthy)*

Niets is onmogelijk voor de man die het niet zelf hoeft te doen. *(A.H. Weiler)*

***Carrière.*** Soms denk je verbaasd: 'Hoe ben ik op deze top beland?'; en soms denk je verontrust: 'Hoe kom ik er weer af?' *(Joan Manley)*

Ik moet nog altijd de eerste man zich horen afvragen hoe hij zijn carrière zal kunnen combineren met zijn huwelijk. *(Gloria Steinem)*

Wanneer we terugkijken op gelijk welke periode van onze carrière mogen we gerust zeggen: 'Welk een idioot was ik toen!' *(Paul Eldridge)*

Wie dom is, moet slim zijn. *(Dolf Verspoor)*

Geleidelijkheid is de eerste en allerbelangrijkste voorwaarde voor vruchtbaar wetenschappelijk werk. Ik kan dit nooit zeggen zonder emotie. Geleidelijkheid, geleidelijkheid en nog eens geleidelijkheid. Van bij het prilste begin van je carrière moet je jezelf trainen in strenge geleidelijkheid bij het vergroten van je kennis. *(Ivan Pavlov)*

Het verschil tussen een job en een carrière is het verschil tussen veertig en zestig uur werken per week.
*(Robert Frost)*

Ik heb nooit een diploma van hoger onderwijs behaald en gedurende geheel mijn carrière heb ik slechts halve dagen gewerkt. Ik kan u alleen maar aanraden hetzelfde te doen. Werk elke dag een halve dag, om het even welke helft: de eerste twaalf uur of de laatste. *(Kemmons Wilson)*

Als ik mijn leven kon herbeginnen, zou ik handelaar worden in plaats van student in de wetenschappen. Ik denk dat pingelen een nobele bezigheid is. *(Albert Einstein)*

***Clichés.*** De klakkeloos overgenomen clichés van de doorsnee mens zijn veel minder onnozel dan de opinies die hij zelf heeft uitgevonden. *(Bertrand Russell)*

Het cliché organiseert het leven. Het legt beslag op de identiteit van een volk; het wordt zijn heerser, zijn advocaat ter verdediging, zijn rechter; en de wet.
*(Václav Havel)*

De man die het lef heeft uit te komen voor zijn eigen gemeenplaatsen is altijd een succesrijk man.
*(Van Wyck Brooks)*

Alle clichés blijken uiteindelijk waar te zijn. Dat is een ontstellend aspect van het leven. Uiteindelijk begint het tot je door te dringen dat al die clichés waartegen je vocht in je jeugd gemeengoed zijn geworden juist doordat ze waar zijn. *(David Cronenberg)*

***Coming man.*** Hoeveel coming men heb ik niet gekend! Waarheen zijn die toch allemaal gegaan? *(Arthur Pinero)*

***Comités*** zijn tegenwoordig zo belangrijk geworden dat er subcomités moeten worden aangesteld om het werk te doen. *(Laurence J. Peter)*

Ik vrees degenen die niet zeggen wat ze denken; en ik vrees degenen die niet denken wat ze zeggen.
*(Paul Valéry)*

De comités zijn uitgevonden om de verantwoordelijkheid op te splitsen wanneer het verkeerd loopt.
*(Franklin Jones)*

Ieder comité dat ook maar enig nut heeft, is samengesteld uit mensen die het te druk hebben om ook maar één seconde langer in een comité te zetelen dan ze gedwongen zijn te doen. *(Katharine Whitehorn)*

Behalve het verkeer heeft in dit land niets meer tijdverlies veroorzaakt dan comités. *(Will Rogers)*

Te veel comités bestaan uit mensen die het voor het zeggen krijgen, maar niet veel te vertellen hebben.
*(Mark Kortehove)*

***Compromis:*** een goede paraplu maar een slecht dak. *(James R. Lowell)*

Compromissen plegen te worden gesloten in de overtuiging dat een half brood beter is dan helemaal geen. In feite wordt aangenomen dat een half brood beter is dan een heel. *(Gilbert Keith Chesterton)*

Als je geen half brood kunt krijgen, pak dan een heel: een heel brood is beter dan helemaal geen. *(Josh Billings)*

De kunst van het compromis bestaat erin de koek zo te verdelen dat elke partij gelooft dat zij het grootste stuk heeft bemachtigd. *(Ludwig Erhard)*

***Computer.*** Hoe veelzijdig de prestaties van een computer zijn blijkt nooit zo duidelijk als wanneer hij defect is. *(Clive James)*

Zich vergissen is menselijk maar om de boel helemaal in het honderd te doen lopen heb je een computer nodig. *(Paul Ehrlich)*

Zopas is de perfecte computer uitgevonden: je steekt er je problemen in, en ze komen er nooit weer uit. *(Al Goodman)*

Het échte probleem is niet dat computers weldra zullen kunnen denken als mensen maar dat mensen weldra zullen denken als computers. *(Sydney J. Harris)*

***Concurrentie.*** Niemand praat liever over 'vrije markten en vrije concurrentie' en verkondigt met meer aplomb: 'Moge de beste winnen!' dan de man die een stevig bedrijf heeft geërfd van zijn vader. *(C. Wright Mills)*

Twee jongens wandelen door de bergen en staan plots tegenover een grizzlybeer. In paniek rennen ze weg maar opeens staat een van hen stil, trekt haastig zijn bergschoenen uit en baskets aan. Zijn vriend kijkt om en roept: 'Weet je dan niet dat niets zo snel is als een grizzly?' Zegt de andere: 'Ik hoop helemaal niet sneller te kunnen lopen dan die beer, maar wel sneller dan jij.' *(Favoriet verhaaltje van John Young, president van Hewlett-Packard in Palo-Alto, Californië)*

Als de tijd is aangebroken om de kapitalisten op te hangen, zullen ze met elkaar een prijzenslag aangaan om het touw te mogen leveren. *(Vladimir Iljitsj Lenin)*

***Conditietraining*** is flauwekul: als je gezond bent, heb je dat niet nodig; en als je ziek bent, kun je daar beter afblijven. *(Henry Ford)*

***Conformisme.*** Niet de windhaan, maar de wind draait. *(Edgar Faure)*

We gaan half kapot van conformisme maar we zouden helemaal kapotgaan zonder. *(Charles D. Warner)*

***Conservatisme*** stoelt altijd op de gedachte dat alles blijft zoals het is als je er niets aan verandert; maar als je alles laat zoals het is, komt alles terecht in een wervelstorm van verandering. *(G. K. Chesterton)*

Ik weet niet wat iemand conservatiever maakt: niets van het verleden weten of alleen maar het verleden kennen. *(John Maynard Keynes)*

We kunnen niets veranderen als wij het niet respecteren. Alleen maar veroordelen bevrijdt niet maar onderdrukt. *(Carl Gustav Jung)*

***Controleren.*** Howard Hughes regisseerde een historische film en bij een bepaalde scène merkte een assistent op: 'Ze is ongetwijfeld interessant maar ze stemt niet overeen met de historische feiten.' Hij raadde aan een encyclopedie te raadplegen maar Hughes zei: 'Jongeman, controleer nooit ongetwijfeld interessante feiten.'

***Conversatie.*** De gemiddelde waarde van conversaties zou enorm stijgen door een voortdurend gebruik van vier simpele woorden: 'Ik weet het niet'; of van de geliefkoosde stoplap van Lodewijk XIV: 'Ik zal zien'.
*(André Maurois)*

Hoe verrukkelijk is een conversatie onder deskundigen: je begrijpt er geen snars van. *(Edgar Degas)*

***Corpulentie.*** Sommige mensen zijn zwaarlijvig geboren. Anderen moeten zich inspannen om zover te geraken. *(Les Murray)*

Dikke mensen hebben wel een korter leven, maar ze eten langer. *(Stanislaw J. Lec)*

***Corruptie.*** Het leven zelf is een corrumperend proces vanaf het moment dat een kind van zijn moeder leert te liegen tegen zijn vader om iets later naar bed te mogen gaan. Wie corruptie vreest, is bang voor het leven.
*(Saul Alinsky)*

***Creativiteit*** is zoiets als autorijden 's nachts: je ziet nooit verder dan je koplampen maar dat belet je niet heel de lange weg af te leggen. *(E. L. Doctorow)*

Variëteit van niets valt te verkiezen boven monotonie van iets. *(Jean Paul Richter)*

Echte creativiteit begint vaak waar de taal eindigt. *(Arthur Koestler)*

Innovatie! Je kan niet eeuwig blijven innoveren. Wat ik wil is: klassieke dingen creëren. *(Coco Chanel)*

Gooi nooit een geesteskind weg zonder zijn badwater. *(Mark Kortehove)*

***Crisis.*** De eerste de beste idioot kan een crisis managen; het zijn de dagdagelijkse probleempjes die een mens kapot krijgen. *(Anton Tsjechov)*

***Cultuur.*** Een gecultiveerd mens vertoeft liever niet in cultuurkringen. *(E.B. White)*

***Cynisme*** is schandelijk maar de zaken cynisch aanpakken betekent vaak een grote tijdwinst. *(Georg von Siemens)*

Cynisme is onderkoeld geraakte hoop. *(Roger Vailland)*

Cynisme is goedkoop: je kunt het kopen in elk grootwarenhuis. Het is ingebouwd in alle goederen van slechte kwaliteit. *(Graham Greene)*

***Daden*** liegen luider dan woorden. *(Carolyn Wells)*

***Delen.*** Op een dag wees een welzijnswerker Andrew Carnegie op 'de verdomde plicht van de rijken hun vermogen ten dienste te stellen van alle mensen'. Carnegie liet zijn secretaris de meest recente balans brengen plus een encyclopedie. Hij zocht op hoeveel mensen er op aarde leven en kwam snel tot de slotsom: 'Zoals u kunt narekenen heeft elke mens recht op 16 cent als ik geheel mijn vermogen eerlijk deel met iedereen.' Daarop haalde hij zijn portemonnee boven en zei: 'Hier heb je jouw 16 cent en maak nu dat je wegkomt.'

***Denken.*** Ik hou meer van een gedachte die zich vergaloppeert dan van rimpelloze routine. *(Alain)*

Als iedereen gelijk denkt, denkt er niemand. *(Walter Lippmann)*

***Dertien.*** Heel wat mensen willen niet met dertien aan één tafel zitten omdat ze vrezen dat er amper genoeg zal zijn voor twaalf. *(Grimod de La Reynière)*

***Deskundigheid.*** We leven in een tijd waarin maar beter niemand vertrouwt op zijn 'deskundigheid'. Slagkracht ligt in improvisatie. Al de beslissende slagen zijn met de linkerhand uitgedeeld. *(Walter Benjamin)*

Het opeenstapelen van schilderijen van Grote Meesters in musea is een catastrofe, en een collectie van een honderdtal Grote Deskundigen is ook maar één grote stomkop. *(Carl Gustav Jung)*

***Details.*** Verwar de details niet met de bijkomstigheden. *(Charles de Talleyrand)*

Aandacht besteden aan details welke de meeste mensen over het hoofd zien, maakt een handvol mensen rijk. *(Henry Ford)*

***Diagnose.*** Het stellen van diagnoses is een der meest verbreide ziektes. *(Karl Kraus)*

***Dieet.*** Er is maar één ding moeilijker dan een dieet te volgen: het niet opdringen aan anderen. *(Marcel Proust)*

Ik ging op dieet, dronk geen druppel meer en at weinig; en in veertien dagen had ik twee weken verloren. *(Joe E. Lewis)*

***Dief.*** Een eerlijke dief steelt nooit in zijn eigen wijk. *(Arabisch spreekwoord)*

Zo menig man werd geen dief omdat hij er maar niet in slaagde sloten te kraken. *(E.W. Howe)*

***Diners*** zijn smeerolie voor zaken. *(William Scott)*

***Directeurs*** hebben een hekel aan problemen, en alles wat nieuw is lijkt hun een probleem. De kunst is: maken dat jouw ideeën er in hun ogen uitzien als een oplossing. *(Dale Dauton)*

De beste directeur is iemand die gezond verstand genoeg bezit om zich te omringen met bekwame mensen, en zelfbeheersing genoeg om zich niet te bemoeien met de manier waarop zij doen wat hij gedaan wil hebben. *(Theodore Roosevelt)*

Een échte directeur loopt rond met een zorgelijke trek op het gezicht van zijn ondergeschikten. *(Vince Lombardi)*

***Discussie.*** Het is wel merkwaardig dat wij het niet met elkaar eens zijn hoewel wij allemaal gelijk hebben. *(Logan P. Smith)*

Het slechtste wat je kunt aanvangen met een belangrijk probleem is het bediscussiëren. *(Simon Gray)*

Discuteer nooit met een dwaas: de omstaanders zouden wel eens het verschil niet kunnen merken. *(Arthur Block)*

Ik heb nog nooit het onderspit gedolven in een discussie met mezelf. *(William Feather)*

Ik discuteer nooit over discussies. *(Dag Hammarskjöld)*

Het is een bedroevende vaststelling dat de meeste mensen alleen overeenkomen over de punten waarin ze niet echt geïnteresseerd zijn. *(Bertrand Russell)*

***Doel en middelen.*** Het eerste signaal van corruptie in een maatschappij is dat het doel de middelen heiligt. *(Georges Bernanos)*

Misschien is angst voor een doel ons aangeboren. We zijn liever almaar onderweg dan ergens aan te komen. We klampen ons zozeer vast aan de middelen dat we het doel vergeten. *(Eric Hoffer)*

***Dolce far niente.*** Ook u zal al wel gewaarschuwd zijn dat we de gouden uren niet mogen verspillen. Zo is het, maar sommige uren zijn alleen van goud doordat we ze verspillen. *(James Matthew Barrie)*

De ellende aan nietsdoen is dat je nooit een vrije dag kunt nemen. *(Hoagy Carmichael)*

Hoe verrukkelijk is het niets te doen en daarna uit te rusten. *(Spaans spreekwoord)*

Ongetwijfeld is het een enorm voordeel niets te hebben gedaan; maar je mag er geen misbruik van maken. *(Antoine Rivarol)*

Zoals vrede het einde van oorlog is, zo is zalig nietsdoen het ultieme doel van wie druk bezig is. *(Samuel Butler)*

***Domheid.*** Van iemand zeggen dat hij zieke nieren, tere longen of een broos hart heeft, is geen misdaad; maar beweren dat iemand zwakke hersenen heeft, is dat wel. Beschouwd worden als een minkukel en daarvoor worden uitgemaakt is pijnlijker dan schrokkig, leugenachtig, gewelddadig, geil, lui of laf te worden genoemd. Elke zwakheid, elke ondeugd heeft verdedigers gevonden en is tot de adelstand verheven, zelfs heilig verklaard, alleen de domheid niet. *(Primo Levi)*

We beseffen nooit echt wat domheid is als wij er niet zelf mee hebben geëxperimenteerd. *(Paul Gauguin)*

Een leeg hoofd is niet werkelijk leeg. Het steekt vol met onzin. Daarom is het zo moeilijk er iets ingepompt te krijgen. *(Eric Hoffer)*

***Doodzwijgen.*** Niet alles wat doodgezwegen wordt, leeft. *(Karl Kraus)*

***Doorbraak.*** Vaak zijn juist de mensen die voor een doorbraak hebben gezorgd de eersten om de consequenties van hun prestatie tegen te houden. *(Igor Stravinsky)*

***Doorsnee.*** Het grootste deel van mijn leven heb ik me ellendig gevoeld omdat ik er mij bewust van was geen doorsnee Engelsman te zijn. Denk maar niet dat ik dit met zelfgenoegzaamheid schrijf want ik geloof dat niets beter is dan te zijn als iedereen. Het is de enige manier om gelukkig te wezen, en het is met een wrange glimlach dat je jezelf dan maar poogt wijs te maken dat geluk niet alles is. *(W. S. Maugham)*

We zijn allemaal veel meer doorsnee dan we denken. *(Gorham Munson)*

Alle mensen zijn doorsnee; alleen de mensen die dat beseffen zijn buitengewoon. *(G.K. Chesterton)*

***Drinken.*** Blijf niet alsmaar water drinken: permitteer u een slokje wijn. Dat is goed voor uw maag en helpt u af van talrijke kwaaltjes. *(Sint-Paulus)*

Een zatlap zou geen geld willen geven aan sobere lieden. Hij zou zeggen: 'Ze zullen het alleen vergooien aan eten en aan kleren en aan een betere school voor hun kinderen.' *(Samuel Butler)*

Zich bezatten is immoreel omdat er een kater op volgt; maar als je eerst een kater hebt en je pas daarna bedrinkt, is dat moreel verantwoord. *(Samuel Butler)*

***Dupe.*** De mooiste rol is soms die van dupe. Het leven leert ons dat een mens nooit gelukkig kan zijn behalve dankzij een beetje onnozelheid. *(Anatole France)*

Hoeveel beter zou men niet zijn als men niet zo bang was daarvan de dupe te worden. *(Jules Renard)*

***Ecologie*** is zoals seks: elke nieuwe generatie denkt dat zij de eerste is die haar heeft ontdekt. *(Michael Allaby)*

***Economie*** is de wetenschap van de hebzucht.
*(F.V. Meyer)*

Hoe meer ik mij in de economische wetenschappen verdiepte, hoe kleiner mijn kennis werd vergeleken met de kennis die ik nodig had; en aan het einde van welhaast een halve eeuw vrijwel exclusief economie bestuderen, ben ik er mij van bewust dat ik er nu minder over weet dan toen ik eraan begon. *(Alfred Marshall)*

Negen van de tien economische wetmatigheden zijn slechts economische wetmatigheden tot ze ontmaskerd zijn. *(Robert Lynd)*

Het doel van economische studies is niet het verwerven van gebruiksklare oplossingen voor economische problemen, maar te leren hoe je niet om de tuin kunt worden geleid door economen. *(Joan Robinson)*

***Econoom.*** Als economen iets afwisten van zaken doen zouden ze rijke mensen zijn in plaats van adviseurs van rijke mensen. *(Kirk Kerkorian)*

Het is een algemene ervaring dat gegradueerden in de economie een heleboel af te leren hebben wanneer zij voor het eerst praktische verantwoordelijkheid op zich moeten nemen. *(E.H. Phelps Brown)*

Ik wil dat u álle economen de laan uitstuurt, jawel, allemáál! Ze zijn het nooit eens over wat dan ook. Ze proppen het hoofd van de politici alleen maar vol met bizarre ideeën zoals 'hoe meer je uitgeeft, hoe rijker je wordt'. *(Margaret Thatcher)*

Economen lopen geen gevaar werkloos te worden want terwijl er steeds weer nieuwe problemen rijzen, raken de oude nooit opgelost. *(Warren B. Catlin)*

***Eenvoudig leven.*** Het échte bezwaar tegen 'eenvoudig gaan leven' is dat dit helemaal niet eenvoudig is. Je hebt gewoon geen tijd meer over om van de eenvoudigste dingen te kunnen genieten. *(Katherine Fullerton Gerould)*

Alles moet eenvoudiger maar niet simpeler worden gemaakt. *(Albert Einstein)*

Elke versimpeling is tegelijk een verwikkeling. *(Novalis)*

Het zou best makkelijk zijn een draaglijk leven te leiden als we niet voortdurend uitkeken naar eenvoudige, buitensporige en exclusieve emoties, terwijl de enig hanteerbare gevoelens juist complex zijn en grauw.
*(Gustave Flaubert)*

Alles is ingewikkeld voordat het eenvoudig wordt.
*(Thomas Fuller)*

Eenvoudige bedrijfsregels? Eén: de baas heeft altijd gelijk; twee: als de baas ongelijk heeft, is regel één van toepassing. *(Anoniem)*

Eenvoudig zijn is helemaal niet eenvoudig.
*(Pierre Reverdy)*

***Eerlijkheid.*** Er is maar één manier om uit te vinden of iemand eerlijk is: vraag het hem; als hij 'ja' zegt, is het antwoord 'neen'. *(Groucho Marx)*

Eerlijk duurt het langst, maar wie heeft zoveel tijd?
*(Anoniem)*

'Het ***ego*** is hatelijk', zeg je. Het mijne is dat niet. Als een ander ermee zat, zou ik het aardig hebben gevonden. Waarom mag ik dat dan niet nu *ik* ermee zit? Ik kon met veel hatelijkere ego's opgescheept hebben gezeten.
*(André Gide)*

***Eigendunk.*** Lord Birkenhead is zeer intelligent, maar zijn hersenen stijgen hem soms naar het hoofd.
*(Margot Asquith)*

Ik geloof niet dat ook maar één pauw een andere benijdt om zijn staart want élke pauw is overtuigd dat de zijne 's werelds mooiste is. Het resultaat is dat pauwen vreedzame vogels zijn. Stel je maar even voor hoe ongelukkig het leven van een pauw zou zijn als men hem had wijsgemaakt dat het schandelijk is een hoge dunk te hebben van jezelf. *(Bertrand Russell)*

Wat heb je aan succes als het je niet naar het hoofd mag stijgen? Daarvoor dient het toch? *(John Otway)*

Als er slechts één kwaliteit bestaat die alle grote mannen met elkaar gemeen hebben, dan is dat eigenwaan. Maar daarmee bedoel ik alleen dat zij hun eigen waarde waarderen. Zonder dit soort ijdelheid zouden ze niet groot zijn. Maar met ijdelheid alleen betekent iemand, vanzelfsprekend, volstrekt niets. *(Yousel Karsh)*

Hoe langer men leeft, hoe minder dingen men belangrijk vindt, en het minst van alles belangrijkheid.
*(Jean Rostand)*

***Eigenlof.*** Het voordeel van eigenlof is dat je hem er zo dik op kunt leggen als je maar wilt en precies op de gewenste plaats. *(Samuel Butler)*

***Elegantie*** is niet: in het oog springen, maar: in het geheugen blijven. *(Giorgio Armani)*

Een man kan niet elegant zijn zonder een vleugje vrouwelijkheid. *(Victoria Westwood)*

***Enthousiasme*** is niet altijd de metgezel van totale onwetendheid: vaak spruit het voort uit verkeerde informatie. *(Voltaire)*

***Ernst.*** Bloedserieuze mensen hebben weinig ideeën. Mensen met interessante ideeën zijn nooit serieus. *(Paul Valéry)*

Een man die per se altijd ernstig wil zijn en die zichzelf nooit een beetje gekte of ontspanning wil veroorloven, zal gek worden of onevenwichtig. zonder het zelf te beseffen. *(Herodotus)*

***Ervaring.*** Er zijn mensen die niets anders hebben dan ervaring. *(Don Herald)*

Het enige wat de ervaring ons leert, is dat ervaring ons niets leert. *(André Maurois)*

Ervaring betekent veeleer verloren illusies dan gewonnen wijsheid. *(Joseph Roux)*

Onder alle vervelende problemen van de oude dag is ervaring niet het geringste. *(Georges Bernanos)*

Ervaring is een zwakke lamp die alleen haar drager verlicht. *(Louis-Ferdinand Céline)*

Ervaring is iets wat je opdoet terwijl je uit bent op iets heel anders. *(Mary Pettibone Poole)*

***Establishment.*** Niets ontmijnt de onvrede over het establishment zo effectief als ertoe te mogen behoren. *(Harold Coffin)*

***Excentriek.*** Begin wat excentrieke neigingen te koesteren als je nog jong bent ; dan zullen de mensen in je oude dag niet denken dat je kierewiet begint te worden. *(David Ogilvy)*

***Experts*** zijn altijd woedend als een leek iets invalt waaraan zij niet hebben gedacht. *(John Steinbeck)*

Experts lopen nooit echt gevaar. Iedereen heeft hen nodig. Het kamermeisje overleeft altijd een paleisrevolutie. Iemand moet toch de bedden opmaken. *(Fay Weldon)*

Hoe jammer dat alle lieden die weten hoe het land moet worden geregeerd, het zo druk hebben met het besturen van taxi's en het knippen van haar. *(George Burns)*

Als alle experten het eens zijn, is het oppassen geblazen. *(Bertrand Russell)*

Een expert is iemand die hoe langer hoe meer weet over hoe langer hoe minder. De grootste expert is dus hij die alles weet over niets. *(Nicolas M. Butler)*

Gok driemaal na elkaar juist en je faam als expert kan niet meer stuk. *(Laurence J. Peter)*

Er is niet één expert die werkelijk competent is. *(Ptahhotep, ca. 2330 v.C.; toen al dus...)*

***Feiten*** worden in de regel overschat. In de dagelijkse praktijk is iets doorgaans wat iedereen dénkt dat het is. Toen iedereen dacht dat de aarde vlak was, wás ze vlak. Zolang iedereen dacht dat slavernij aanvaardbaar was, wás ze aanvaardbaar. We leven in deze wereld als schaduwen te midden van schaduwen. *(John Updike)*

Feiten zijn contrarevolutionair. *(Eric Hoffer)*

De ellende met feiten is dat er zovéél zijn. *(Samuel McCord Crothers)*

Alle genereuze geesten koesteren een afschuw tegen wat doorgaans 'feiten' wordt genoemd. Zij zijn de brute beesten op het intellectuele domein. Wie kent er geen van die kerels die altijd met een of ander kwaadaardig feit komen aanzeulen dat zij dan ontketenen in een fatsoenlijk gezelschap? Als waren het evenveel buldoggen die worden losgelaten op elke ingenieuze suggestie of zinvolle veralgemening of bekoorlijke fantasie. Ik laat geen 'feiten' toe aan mijn tafel. *(Oliver W. Holmes)*

Ze zei altijd dat feiten lijken op koeien: als je ze onverzettelijk genoeg in de ogen kijkt, lopen ze meestal weg.
*(Dorothy L. Sayers)*

Feiten zijn de poppen van buiksprekers. Als ze op de knie van een wijs man zitten, kunnen ze ertoe gebracht worden woorden van wijsheid te spreken; zet ze elders, en ze zeggen niets of slaan onzin uit of vermaken zich met duivelse spelletjes. *(Aldous Huxley)*

Ik ben niet bang voor feiten. Ik verwelkom ze maar een kongsie van feiten is geen equivalent van een idee. Dit is de fundamentele misvatting van de zogeheten 'wetenschappelijke geest'. Mensen die feiten verwarren met ideeën zijn geen denkers, het zijn kletskousen.
*(Cynthia Ozick)*

***Financieren*** is de kunst om geld van hand tot hand te laten circuleren tot het ten slotte verdwijnt.
*(Robert Sarnoff)*

Niemand zou zich nog de barmhartige Samaritaan herinneren als hij alleen maar goede bedoelingen had gehad. Maar hij had ook nog geld. *(Margaret Thatcher)*

***Fortuin maken*** is heel eenvoudig. Ik kocht een appel voor vijf cent, poetste hem de hele avond op en verkocht hem de volgende dag voor tien cent. Daarmee kocht ik twee appels, poetste die een hele avond op en verkocht ze voor twintig cent. En zo ging ik door tot ik één dollar en zestig cent had verdiend. Toen stierf de vader van mijn vrouw en erfden we een miljoen. *(Bertell Ollman)*

Vrouwe Fortuna houdt van mensen met weinig 'gezond verstand'. *(Erasmus)*

***Fraude.*** Sommige fraudes zijn zo geniaal dat je al een enorme stommeling moet zijn om er niet in te trappen. *(C.C. Colton)*

Er bestaan geen nieuwe soorten van fiscale fraude. De laatste honderd jaar waren er alleen kleine variaties op een handvol klassiekers. *(John K. Galbraith)*

***Gauwdief.*** Op een dag wandelde Salomon Rothschild met een vriend door Wenen toen die merkte dat ze gevolgd werden door een verdacht individu. Hij zag dat de rode zijden neusdoek van Salomon half uit zijn vestzak hing en waarschuwde: 'Pas op. Iemand zal proberen uw zakdoek te stelen.' Waarop de bankier: 'Ach wat, laat 'm. We zijn allemaal klein begonnen.'

De vroege dief vangt de politie. *(Anoniem)*

***Gebreken.*** We houden niet van kwaliteiten maar van mensen. Daarom zijn hun gebreken ons soms dierbaarder dan hun gaven. *(Jacques Maritain)*

Nauwelijks zijn we een gebrek kwijtgeraakt of een ander haast zich om zijn plaats in te nemen. Dat is de prijs voor ons evenwicht. *(Cioran)*

Als we zelf geen gebreken hadden, zouden we niet zoveel plezier beleven aan het afkeuren van de gebreken der anderen. *(François de La Rochefoucauld)*

***Gebruiksaanwijzing.*** De meesten onder ons lopen liever het risico van een catastrofe dan een gebruiksaanwijzing te lezen. *(Mignon McLaughlin)*

***Gedaan.*** Schitterende leefregel: niet langer praten over dingen zodra ze gedaan zijn. *(Charles de Montesquieu)*

Een van de efficiëntste manieren om aan noodzakelijke en zelfs dringende taken te ontsnappen is doen alsof je druk bezig bent met dingen die al gedaan zijn.
*(John K. Galbraith)*

***Geduld*** is altijd noodzakelijk, vooral jegens jezelf.
*(Franciscus van Sales)*

Ik heb buitengewoon veel geduld op voorwaarde dat ik, ten slotte, mag doen wat ik wil. *(Margaret Thatcher)*

Een van mijn principes is: verlies nooit je geduld tenzij dat schadelijk is voor je gezondheid. *(Dylan Thomas)*

Gebrek aan fut wordt vaak verward met geduld.
*(Kin Hubbard)*

***Geheugen.*** Pas wanneer het geheugen begint te falen, al was het maar af en toe, bij stukken en beetjes, beseffen we hoezeer het ons bestaan bepaalt. Een leven zonder geheugen is helemaal geen leven, juist zoals intelligentie die zich niet kan uiten niet wérkelijk intelligentie is. Ons geheugen is onze samenhang, onze rede, ons gevoel, zelfs onze actie. Zonder geheugen zijn we niets. *(Luis Buñuel)*

Aan wie een slecht geheugen heeft, blijft veel gewetenswroeging bespaard. *(John Osborne)*

Ik heb nauwelijks een geheugen; ik denk zelfs dat er nergens een te vinden is dat zo gebrekkig is als het mijne. Mijn andere eigenschappen zijn middelmatig en alledaags, maar op dat gebied vind ik mezelf zo zeldzaam en speciaal dat ik recht heb op een zekere faam.
*(Michel de Montaigne)*

De gewoonte schulden te hebben is erg schadelijk voor het geheugen. *(Austin O'Malley)*

Ons geheugen lijkt op een etalage waarin nu eens deze dan weer een andere foto van dezelfde persoon ligt uitgestald. En in de regel blijft de meest recent uitgestalde een tijdlang ook de enige die we écht zien. *(Marcel Proust)*

***Geld*** is belangrijk, al was het maar om financiële redenen.
*(Woody Allen)*

Ik heb genoeg geld voor de rest van mijn leven, tenminste als ik niets koop. *(Jackie Mason)*

Geld spreekt duidelijke taal. Ik weet dat uit eigen ervaring. Op een dag zei mijn geld me: 'Vaarwel!' *(Richard Armour)*

Geld verandert een mens niet, het ontmaskert hem.
*(Henry Ford)*

Met geld koop je geen geluk, maar je kunt er wel de salarissen mee betalen van een flinke staf wetenschappers om uit te zoeken hoe dat komt. *(Bill Vaughan)*

Als geld je niet gelukkig maakt, geef het dan weg.
*(Jules Renard)*

Ik wou maar dat God mij een duidelijk teken gaf. Bijvoorbeeld een stevig deposito op een Zwitserse bank.
*(Woody Allen)*

Negentig procent van mijn geld heb ik besteed aan vrouwen en whiskey. De rest heb ik domweg verspild.
*(Tug McGraw)*

Ik hou eigenlijk niet van geld, maar het kalmeert mijn zenuwen. *(Joe Louis)*

Men zegt gemakkelijk dat geld de wortel is van alle kwaad, maar gebrek aan geld is dat niet minder.
*(Samuel Butler)*

Ik heb er nooit naar verlangd een rijk man te zijn; ik verlangde gewoon te kunnen leven als een rijke stinkerd.
*(Walter Hagen)*

Als je denkt dat geld de wortel is van alle kwaad, denk dan even na over de wortel van alle geld. *(Ayn Rand)*

***Geleerdheid.*** De Romeinen zouden nooit de tijd hebben gevonden om de wereld te veroveren als ze verplicht waren geweest eerst Latijn te leren. *(Heinrich Heine)*

***Gelijk.*** Als je sommige mensen gelijk geeft, zijn ze ontgoocheld omdat je hun de kans ontneemt hun gelijk te bewijzen. *(Oliver Hertford)*

***Gelijkheid.*** Wat 'gelijkgerechtigd zijn' zo moeilijk realiseerbaar maakt, is dat wij het alleen willen ten aanzien van onze superieuren. *(Henry Becque)*

Alle mensen zijn uniek in hun gelijkenis met alle anderen.
*(Thomas S. Eliot)*

De mensen hebben maar één ding met elkaar gemeen: elke mens is verschillend. *(Robert Zend)*

Alle mensen zijn vrij en ongelijk geboren. *(Grant Allen)*

***Geloof.*** Een subliem geloof in de menselijke imbeciliteit heeft maar zelden hen misleid die het hebben gekoesterd. *(Havelock Ellis)*

Absoluut geloof corrumpeert even absoluut als absolute macht. *(Eric Hoffer)*

***Geluk.*** Zoveel mensen zijn ongelukkig omdat ze niet beseffen hoe gelukkig ze zijn. *(Fjodor M. Dostojevski)*

Als onnozel zijn een geluk is, waarom zijn er dan niet meer mensen gelukkig? *(Leonard Rossiter)*

Elke mens snakt naar geluk – ook degene die zich ophangt. *(Blaise Pascal)*

Hoe gelukkig ben ik dat ik me niet meer gedwongen voel gelukkig te zijn zoals ik me vroeger 'gelukkig zijn' voorstelde. *(Eugène Delacroix)*

Sommigen onder ons zouden het geluk vinden als ze er niet zo vertwijfeld naar zochten. *(William Feather)*

Wat ben je met geluk? Je kunt er niet eens geld voor kopen. *(Henny Youngman)*

De konijnenpoot die je geluk moet brengen, heeft alvast geen geluk gebracht aan dat konijn. *(R.E. Shay)*

Dromen van geluk is een der grote oorzaken van mistroostigheid. *(Eric Hoffer)*

Het is beter nooit geboren te worden, maar wie onder ons heeft zoveel geluk? Misschien één op een miljoen. *(Alfred Polgar)*

***Gemeenheid*** is een zeer belangrijke kwaliteit bij een leider. *(Charles Goodell)*

De smerigste gemeenheden zijn tegenwoordig niet die welke men begaat, maar die welke men laat begaan. *(Robert Musil)*

***Genie.*** Vrijwel iedereen is een genie bij zijn geboorte en een idioot bij zijn dood. *(Charles Bukowski)*

Wie niet denkt dat hij een genie is, heeft geen talent. *(Edmond de Goncourt)*

Het is idioot te beweren dat genie slechts langdurig volgehouden geduld is. In de eerste plaats betekent geduld op zichzelf helemaal niets: er is méér nodig dan geduld om te bereiken wat je wilt, je moet er recht op afgaan. Ten tweede: er bestaat een soort genie, misschien het beste en kostbaarste, waarbij geen greintje geduld te pas komt. En er bestaat nóg een soort genie die het resultaat is van tomeloze inzet, vooral aan zo'n genie betuig ik al mijn respect. *(Georges Clemenceau)*

Het genie, dat is de kink in de kabel. *(Paul Klee)*

***Genoeg.*** Je weet nooit wat genoeg is voordat je weet wat meer dan genoeg is. *(William Blake)*

Het ***geweten*** belet ons niet zonden te bedrijven, het belet ons ervan te genieten. *(Salvador de Madariaga)*

Ook het geweten volgt de mode. *(Daniël Spitzer)*

Vaak heeft ook wie onschuldig is een slecht geweten. *(Wolfgang Thierse)*

Het gemakkelijkst ontsnapt men door een gat in zijn geweten. *(Stanislaw J. Lec)*

Alleen de nederlagen die je geweten ziet als het helemaal alleen voor de spiegel staat, tellen mee. *(Gustave Flaubert)*

Als iemand een geweten heeft, is dat meestal een slecht geweten. *(Eugène Ionesco)*

Een slecht geweten is een beter oorkussen dan een goed als het maar slecht genoeg is. *(Robert Musil)*

***Gewoonte.*** Zodra je aan wat dan ook gewoon bent geraakt, ben je ervan vervreemd. *(George Cabot Lodge)*

De regelmaat van een gewoonte is direct evenredig met haar absurditeit. *(Marcel Proust)*

Het meest onuitstaanbare en werkelijk afschuwelijke leven zou ongetwijfeld een leven zijn zonder vaste gewoontes. Een leven waarin je voortdurend zou moeten improviseren. *(Friedrich Nietzsche)*

Geen mens zo vreselijk als hij die de gewoonte heeft zich in te laten met andermans gewoontes. *(Henry S. Haskins)*

Wijs leven bestaat er misschien minder in goede gewoontes aan te kweken dan zo weinig mogelijk gewoontes te hebben. *(Eric Hoffer)*

Voor gewoontegeheelonthouders zouden er opvangcentra moeten bestaan zoals voor gewoontedrinkers. Maar ook

die verslaafden zouden zeer waarschijnlijk hervallen zodra ze weer op eigen benen moeten staan.
*(Samuel Butler)*

***Gezondheid.*** Niemand beweegt zich zo probleemloos op de wereld als mensen met een goede spijsvertering en een slecht hart. *(Harriet Martineau)*

Gezondheid is niet alles maar zonder gezondheid is alles niets. *(Schopenhauer)*

Veel van wat de wereld heeft veranderd, is verricht door mensen die zich niet al te best voelden. Karl Marx is daarvan een illustratie. *(John K. Galbraith)*

Een mens heeft tegenslagen nodig: ze zijn goed voor zijn gezondheid. *(Carl Gustav Jung)*

***Goede smaak*** is even vervelend als goed gezelschap. *(Francis Picabia)*

Goede smaak! Wat een afschuwelijk ding! Smaak is de vijand van creativiteit. *(Pablo Picasso)*

***Grenzen.*** Het opvallendste aan de menselijke geest is de brede waaier van zijn beperkingen. *(Celia Green)*

Ik ben waarlijk een 'eenzame reiziger', nooit heb ik me van ganser harte thuis gevoeld in mijn land, mijn huis, bij mijn vrienden en zelfs bij mijn nauwste verwanten; ten aanzien van al die 'banden' heb ik nooit een gevoel van afstandelijkheid en een behoefte aan afzondering verloren – en die gevoelens zijn met de jaren sterker geworden. Je wordt je scherp bewust, overigens zonder spijt, van de grenzen van het wederzijds begrip en van de harmonie met andere mensen. *(Albert Einstein)*

Hoe beter men zich van zijn grenzen bewust is, hoe dichter men de volmaaktheid benadert. *(Goethe)*

***Groot.*** We zijn dwergen die schrijlings zitten op de schouders van reuzen, maar ondanks onze kleinheid overkomt het ons vaak verdere horizonten te zien dan zij. *(Umberto Eco)*

Wie iets groots wil, moet zich weten te beperken. *(Georg Hegel)*

Er zijn grote mensen die maken dat iedereen zich klein voelt. Waarlijk groot is alleen de mens die iedereen het gevoel geeft groot te zijn. *(G.K. Chesterton)*

***Grootkapitaal.*** Aandelen kopen en verkopen op de beurs levert geen nieuwe industrieën op. Het grootkapitaal trekt nooit iets nieuws op gang. Het fusioneert, consolideert en profiteert op de kosten van anderen. *(Franklin D. Roosevelt)*

***Groot zijn of klein***, dik of dun, het maakt allemaal niks uit. Olifanten overleven dankzij hun grootte, muizen doordat ze klein zijn. Een groot dier kan nauwelijks iets gebeuren, een klein dier heeft nauwelijks iets nodig. Beide strategieën werken als je maar consequent bent. Een grote olifant is goed en een kleine muis is goed; het enige wat je niet moet willen wezen is een kleine olifant of een grote muis. U en ik, wij begrijpen dat. Wie het niet begrijpt, dat is het bedrijfsleven. Bedrijven willen altijd wezen wat ze niet zijn. Zijn ze klein, dan willen ze fuseren, zijn ze groot dan delen ze zich in 'slagvaardige units' op. In het eerste geval betalen ze dure adviseurs om hun te laten uitleggen hoe goed fusie is; in het tweede komen even goed betaalde adviseurs het tegendeel uitleggen. Vaak zijn het overigens dezelfde kereltjes. *(Midas Dekkers)*

De menselijke neiging om kleine dingen belangrijk te vinden heeft zeer veel grote dingen voortgebracht. *(George Christoph Lichtenberg)*

***Gulden middenweg.*** We weten wat er gebeurt met mensen die in het midden van de weg lopen: ze worden overreden. *(Aneurin Bevan)*

De échte waarheid ligt nooit in het midden. *(Moritz Heimann)*

***Haast.*** Overhaasting vertraagt vooruitgang. *(Werner von Siemens)*

Een van de merkwaardigste dingen aan haast is dat hij verschrikkelijk noodzakelijk is wanneer je er zelf door wordt gedreven, en verschrikkelijk belachelijk wanneer iemand anders even haastig is. *(Christopher Morley)*

***Haat*** moet je productief maken, zo niet dan kun je beter liefhebben. *(Karl Kraus)*

Zoals de grootste deugd en de kwaadaardigste hond is haat zwijgzaam. *(Jean-Paul Richter)*

Hartstochtelijke haat kan zin en doel geven aan een leven. *(Eric Hoffer)*

Het is de menselijke natuur ingebakken de mens te haten aan wie men schade heeft berokkend. *(Tacitus)*

Haat is een valkuil want hij ketent ons vast aan onze vijand. *(Milan Kundera)*

Mensenhaat: een langgerekte zelfmoord. *(Friedrich von Schiller)*

***Handicap.*** Ik heb ook altijd gezegd dat ik niet veel geld wil overlaten aan mijn kinderen. Wie start met veel geld, is gehandicapt want minder gemotiveerd. *(Bill Gates)*

***Hebzucht.*** Hoe minder je eet, drinkt, boeken koopt, naar de schouwburg gaat, cafés bezoekt, denkt, liefhebt, theorieën verkoopt, zingt, schildert, sport beoefent en zo meer, hoe meer geld je spaart en hoe groter je kapitaal wordt. Hoe minder je bent, hoe meer je bezit. Alle hartstochten en alle activiteiten worden opgeschrokt door hebzucht. *(Karl Marx)*

Ik ken niets dat zo verachtelijk en zielig is als de man die alle uren van zijn wakker leven besteedt aan het maken van geld ter wille van het geld. *(John D. Rockefeller)*

De ***hel,*** dat zijn de anderen. *(Jean-Paul Sartre)*

Het is nuttig voor ogen te houden dat de gehele bevolking van de wereld, op één onbeduidende uitzondering na, bestaat uit 'de anderen'. *(John Andrew Holmes)*

Wijzelf zijn, helaas, de anderen. *(Georges Bernanos)*

***Helpen.*** Twee derde van de hulp bestaat uit aanmoedigen. *(Iers spreekwoord)*

Je kan één van je ongelukkige medemensen alleen helpen door een dozijn anderen te vertrappelen.
*(Berthold Brecht)*

***Herinnering.*** Het is zonneklaar dat feiten je niet zomaar overkomen maar ingebed zijn in een verbeelding die door je vroegere ervaring is gevormd. Herinneringen aan het verleden zijn geen herinneringen aan feiten maar aan je verbeelding van die feiten. *(Philip Roth)*

Het verschil tussen valse en echte herinneringen is hetzelfde als bij juwelen: het zijn altijd de valse die het echtst lijken en het meest schitteren. *(Salvador Dali)*

We herinneren ons het best wat we beter zouden vergeten. *(Baltasar Gracián)*

***Hogeschool.*** Gelukkig voor ons staat Japan op het punt zijn eerste Economische Hogeschool te openen. Naar alle waarschijnlijkheid zal dat de Japanse productiviteit in aanzienlijke mate verlagen. *(Felix Rohatyn)*

***Honger.*** Geef ons heden onze dagelijkse honger. *(Gaston Bachelard)*

Honger vreet ten slotte elk geweten op. *(Jakob Stebler)*

***Hoogmoed.*** Het toppunt van hoogmoed is: eigenmachtig zichzelf misprijzen. *(Gustave Flaubert)*

***Hoop*** is iets negatiefs. Zij bevestigt dat je niet bent wat je zou willen zijn. Dat een stuk van jezelf dood is, dat je misschien *helemaal* dood bent. Dat je nog illusies koestert. Hoop, dacht ik, is een soort van geestelijke syfilis. *(Henry Miller)*

***Horen en zien.*** Wie slecht ziet, ziet altijd minder dan er te zien is; wie slecht hoort, hoort altijd meer dan er te horen valt. *(Friedrich Nietzsche)*

Bioscoop, radio, televisie, magazines, het zijn scholen van onoplettendheid: ze leren kijken zonder te zien en luisteren zonder te horen. *(Robert Bresson)*

***Humor*** trekt niets scheef: alleen valse goden kunnen van hun voetstuk worden weggelachen. *(Agnes Repplier)*

Geen enkel werkelijk diepmenselijk probleem kan worden benaderd zonder humor én een gevoel van verbijstering. *(Freeman Dyson)*

Het ***huwelijk*** zou niet zo'n slechte faam hebben als er niet zoveel goeds aan was. *(Jean Rostand)*

***Hygiëne.*** De mens leeft niet bij zeep alleen. Hygiëne of zelfs gezondheid is niet veel waard als je er geen gezonde kijk op hebt; of beter: als je er geen gezonde onverschilligheid voor hebt. *(G.K. Chesterton)*

***Idealiseren.*** Wat een verschrikking is het te idealiseren aangezien de realiteit al zo wonderbaarlijk is. *(Joanna Field)*

Zelfs de grootste dwaas heeft behoefte aan iets dat hem overstijgt. *(Fjodor M. Dostojevski)*

Een ***idealist*** is iemand die zijn medemensen helpt welvarend te worden. *(Henry Ford)*

***Ideeën.*** De meesten onder ons krijgen nooit interessante ideeën. Onze beste ideeën stelen we van iemand anders. *(Sam Walton)*

Ik denk dat er twee gebieden zijn waarin nieuwe ideeën erg gevaarlijk zijn: economie en seks. In het algemeen is het zo dat alles vroeger al is uitgetest. Als iets écht nieuw is, is het vermoedelijk illegaal of ongezond. *(Felix Rohatyn)*

In het algemeen zijn niet die ideeën de gevaarlijkste waarover de mensen het oneens, maar die waarover zij het eens zijn. *(Stephen Vizinczey)*

Het idee zelf dat er andere ideeën bestaan is al een verrijking. *(Richard Jefferies)*

Elke nieuwe idee zet een gevestigde waarheid schaakmat. *(Jose Ortega y Gasset)*

Nieuwe ideeën worden altijd verdacht en doorgaans bestreden om de enige en simpele reden dat ze geen gemeengoed zijn. *(John Locke)*

Zodra een idee gemeengoed is geworden, is het tijd haar te verwerpen. *(Holbrook Jackson)*

Niets is zo gevaarlijk als een idee als men er maar één heeft. *(Alain)*

***Ideologie.*** Sommige ideologieën zijn zo manifest verkeerd dat alleen zeer intelligente mensen erin kunnen geloven. *(George Orwell)*

***Idioot*** lijken in de ogen van een imbeciel is zaligheid voor een veeleisend gourmet. *(Georges Courteline)*

***Illusies.*** Niets groots kan worden bereikt zonder illusies. *(Ernest Renan)*

Zonder luchtkasteel geen kasteel. *(Hellmut Walters)*

Een mens maakt zich nog meer illusies over zijn vijanden dan over zijn vrienden. *(Alfred Capus)*

***Imiteren.*** Als je iemand niet kunt imiteren, kopieer hem dan niet. *(Yogi Berra)*

***Improviseren*** is te belangrijk om niet grondig te worden voorbereid. *(Paul Simon)*

***Inflatie.*** De Amerikanen worden sterker. Twintig jaar geleden moest je met twee zijn om de kruidenierswaren te dragen die je voor tien dollar kocht; nu loopt een jongetje van vijf ermee weg. *(Henny Youngman)*

***Informatie.*** Niets valt makkelijker vast te stellen dan dat iemand goed geïnformeerd is: het is iemand die over de toestand net zo denkt als jij. *(Ilka Chase)*

***Inkomen.*** Mijn grootste probleem is: mijn bruto-levensstijl verzoenen met mijn netto-inkomen. *(Errol Flynn)*

Ik leef zo ver boven mijn inkomen dat je gerust mag stellen dat we gescheiden leven. *(H.H. Munro)*

Er zijn verschillende manieren om het gezinsinkomen te vergroten, maar geen ervan volstaat. *(Robert Benchley)*

Twee kunnen even goedkoop leven als één, maar dat kost wel tweemaal zoveel. *(Frank Sullivan)*

***Inspiratie*** is als een kleuter: je moet haar elke morgen op het potje zetten. *(Igor Stravinsky)*

Iemand vroeg aan Anton Bruckner, 1824-1896: 'Waar en hoe kreeg u de inspiratie voor het "goddelijk" motief van uw Negende Symfonie?' Zei de componist: 'Terwijl ik wandelde op de Kahlenberg. Toen ik begon te zweten en honger kreeg, ging ik zitten bij een bergbeekje, pakte mijn boterhammetjes met Zwitserse kaas uit en verdraaid: terwijl ik het vettige papier verwijderde, schoot het me zomaar te binnen.'

***Integreren.*** Een leeuw is gemaakt van geïntegreerde schapen. *(Paul Valéry)*

***Intellect*** is onzichtbaar voor wie er geen heeft. *(Arthur Schopenhauer)*

We moeten er ons voor hoeden een god te maken van ons intellect. Toegegeven: het heeft machtige spieren, maar het heeft geen persoonlijkheid. *(Albert Einstein)*

***Intellectueel.*** Er kleeft altijd iets verdachts aan een intellectueel die aan de winnende kant staat. *(Václav Havel)*

Een intellectueel is een man die naar interessantere studierichtingen omkijkt dan vrouwen. *(Edgar Wallace)*

Je mag intellectuelen niet laten spelen met de stekjes. *(Jacques Prévert)*

***Intelligent*** zijn betekent in de eerste plaats zichzelf wantrouwen. *(Paul Léautaud)*

Je kunt een man bijna alles doen geloven als hij maar intelligent genoeg is, wie iets minder intelligent is, kun je veel moeilijker overtuigen. *(Tom Steppard)*

Elke dag hecht ik minder belang aan intelligentie. *(Marcel Proust)*

***Intelligentietests*** doen me altijd denken aan de manier waarop men varkens placht te wegen in Texas. Ze namen een plank, legden haar op een dwarsbalk en bonden het varken zo goed mogelijk vast op het ene uiteinde. Dan gingen ze overal op zoek naar een steenklomp die een tegengewicht kon vormen en die ze dan vastbonden op het andere uiteinde van de plank. Zodra de balans in evenwicht was raamden ze het gewicht van de steen. *(John Dewey)*

***Interview.*** Niet elke vraag is een antwoord waard. *(Publilius Syrus)*

***Inval.*** Deze morgen kreeg ik een geniale inval, maar ik vond hem niet goed. *(Samuel Goldwyn)*

***Investeren.*** Soms zijn de meest rendabele investeringen die welke je niet hebt gedaan. *(Donald Trump)*

***Invloed.*** Het zou moeilijk zijn de mate te overschatten waarin wij beïnvloed worden door wie wij beïnvloeden. *(Eric Hoffer)*

Je kunt geen invloed uitoefenen als je zelf niet beïnvloedbaar bent. (C. G. Jung)

Als je invloed hebt, doe dan tenminste alsof je dat niet beseft. *(Henry de Montherlant)*

***Jaknikkers.*** Ik wil geen jaknikkers rond mij. Ik wil dat iedereen vlakaf zijn mening zegt, zelfs als dat hem zijn job kost. *(Samuel Goldwyn)*

Wees altijd op je hoede voor de ondergeschikte die nooit iets verkeerd vindt in wat zijn superieuren doen. *(John C. Collins)*

***Jeugd.*** Een mens heeft veel tijd nodig om jong te worden. *(Pablo Picasso)*

Elke jeugd wordt noodzakelijkerwijze 'vergooid'; het feit zelf dat men te jong is om dat niet te doen, maakt het onvermijdelijk. En dat is ook de reden waarom ouderen zo vertwijfeld pogen hun jeugd over te doen. *(Thomas Wolfe)*

Het is de koorts van de jeugd die de rest van de wereld op een normale temperatuur houdt. Wanneer de jeugd het koud krijgt, klappertandt de rest van de wereld.
*(Georges Bernanos)*

De leeftijd waarop men besluit jong te zijn, is van weinig belang. *(Henri Duvernois)*

Het geheime recept om jong te blijven is: leef onberispelijk, eet traag, en lieg over je leeftijd. *(Lucille Ball)*

Een van de merkwaardigste aspecten van de jeugd is dat ze zo gemakkelijk als de meest conservatieve leeftijd kan worden versleten. *(Randolph Bourne)*

Als men jong is, is dat voor heel het leven.
*(Georges Clemenceau)*

Jong zijn is niet noodzakelijk erg belangrijk. Ik ben zeer jong terwijl mijn tijdgenoten oude mannen zijn omdat zij zich bij hun gevorderde leeftijd hebben neergelegd. Hun leven behoort al tot het verleden maar het mijne is nog toekomst. Nu pas kan ik de mogelijkheid overwegen om met mijn échte levenswerk te beginnen.
*(Alberto Giacometti, 65)*

***Job.*** Zeer vaak, zeker één keer per week, heb ik mensen horen zeggen: 'Ik zou jouw job niet willen voor al het geld van de wereld.' Daar geef ik nooit een antwoord op. Ik zou verdomd niet weten wat ik op zoiets moet antwoorden. Ik hou van mijn job. Zij bekijken hem als een positie die je vermaalt en afmaakt. Ik niet. Misschien ligt het verschil daar. Misschien is dat de echte reden waarom kerels die dat soort dingen zeggen nooit mijn job zullen krijgen.
*(Lee Iacocca)*

***Joggen*** is goed voor mensen die niet intelligent genoeg zijn om televisie te kijken. *(Victoria Wood)*

Kaderleden zijn als joggers. Als je zo'n jogger tegenhoudt, blijft hij ter plaatse trappelen. Als je een kaderlid wegsleept uit zijn bezigheid naar ergens anders, blijft hij erover natrappen, hij kan niet zwijgen over zijn werk. Hij kan niet ophouden met drammen en besluiten nemen en kaderlid te wezen. *(Jean Baudrillard)*

***De juiste man...*** Vragen wie de baas moet spelen in een bedrijf, is als vragen wie saxofoon moet spelen in een kwartet: wie anders dan degene die daartoe bekwaam is? *(Henry Ford)*

Wanneer je iemand afvaardigt om je zaken te behartigen in een ver land is een man uit één stuk niet de beste keuze. *(Ihara Saikaku)*

***Kalmte.*** De meeste mensen verliezen hun kalmte gewoon doordat jij kalm blijft. *(Frank M. Colby)*

Blijf kalm. Discuteer niet met een woedend mens maar dien hem vriendelijk van antwoord. Dat wordt niet alleen aanbevolen door de Heilige Schrift, maar je kunt er donder op zeggen dat de persoon in kwestie daardoor nog razender zal worden. *(Readers Digest 1949)*

Doorgaans komt de kalmte na de storm. *(Thomas Drake)*

Als je het hoofd koel kunt houden wanneer iedereen rond je het zijne verliest, is het best mogelijk dat je de situatie niet begrijpt. *(Jean Kerr)*

Alleen van koudbloedige beesten is de beet giftig. *(Arthur Schopenhauer)*

***Kans.*** De helft van 's levens genoegens bestaat uit kansen die men genegeerd heeft. *(Oliver Wendell Holmes jr.)*

Elke mislukking is een kans om beter te doen.
*(Henry Ford)*

***Karakter.*** Wanneer sommige moralisten schrijven over het belang van 'karakter hebben' blijken zij alleen te bedoelen: 'een vervelend karakter'. *(G.K. Chesterton)*

Diep in mezelf ben ik nogal oppervlakkig. *(Ava Gardner)*

Het is een weldaad voor de wereld dat het karakter van de meeste mensen verhardt als gips voordat ze dertig zijn geworden, en daarna nooit meer zacht wordt.
*(William James)*

Een man van karakter heeft altijd een slecht karakter.
*(Georges Clemenceau)*

Weinig vrouwen en nog minder mannen bezitten karakter genoeg om lui te zijn. *(E.V. Lucas)*

Niets onthult het karakter van een mens beter dan het soort moppen waaraan hij aanstoot neemt.
*(Georg C. Lichtenberg)*

***Karaktervorming.*** In 1983 was Steve Jobs, amper halfweg twintig, medestichter en grootste aandeelhouder van Apple Computer. Daarop trok hij barvoets door India op zoek naar de Diepste Waarheid. Bij zijn terugkeer, een jaar later, was de waarde van de Apple-aandelen gesmolten tot een derde; Jobs had persoonlijk 250 miljoen dollar verloren. Toen hem werd gevraagd wat dit voor hem betekende, schokschouderde hij: 'Een uitzonderlijke kans tot karaktervorming.'

***Keerpunt.*** Toen Adam en Eva uit het Paradijs werden verdreven zei hij haar: 'We leven in een overgangstijdperk.' *(William Motter Inge)*

De wereld bevindt zich voortdurend op een dramatisch keerpunt. *(Mark Kortehove)*

***Ken jezelf*** want het is nooit zonder nut je ergste vijand beter te leren kennen. *(Umberto Eco)*

***Kennis*** is macht, vooral als je te veel weet over iemand. *(Ethel W. Mumford)*

'Slechts een beetje kennis is gevaarlijk' – maar waar is de man met zoveel kennis dat hij buiten gevaar is? *(Aldous Huxley)*

Kennis mag dan al gewicht schenken, prestaties schenken glans; en er zijn veel meer mensen die kijken dan er zijn die wegen. *(Philip D. Stanhope)*

Op de dag waarop iemand kennis met een hoofdletter begon te schrijven, was alles om zeep. Zoiets als Kennis bestaat immers niet; iedereen kent amper iets, dit wel, dat niet. En niemand hoeft meer te kennen dan hij nodig heeft om te doen wat hij doet. *(Edgar Degas)*

Kennis is alleen macht als je weet welke feiten je mag negeren. *(Robert Lynd)*

***Kiezen.*** Veel te vaak doen de enige keuzes welke de realiteit ons laat ons de lust om te kiezen vergaan. *(Jean Rostand)*

Van twee kwaden kies ik altijd wat ik nog nooit heb uitgeprobeerd. *(Mae West)*

Wie een keuze moet maken en niet kiest, maakt een keuze. *(William James)*

Alleen zwakkelingen worden altijd gedwongen te kiezen tussen alternatieven die ze niet zelf hebben gekozen. *(Dietrich Bonhoeffer)*

Meer dan ooit in de geschiedenis bevindt de mensheid zich op een tweesprong. De ene weg voert naar wanhoop en uiterste hopeloosheid; de andere leidt naar totale vernietiging. Laten we bidden opdat wij wijs genoeg zijn om de juiste keuze te maken. *(Woody Allen)*

***Klagen.*** Wie altijd klaagt, is erg te beklagen. *(Matthew Henry)*

***Kliekjes.*** De gevaarlijkste kliekjes zijn eenmansbedrijfjes. *(George B. Shaw)*

***Kneepjes.*** Leer eerst je vak, de kneepjes zijn bijzaak. *(James Charlton)*

***Koeien.*** Henry Ford, 1863-1947, was een boerenzoon maar hij koesterde een blinde haat tegen koeien. Hij vond ze 'de primitiefste machines van de wereld' en 'de incarnatie van de luiheid'. Zijn afkeer was zo irrationeel dat hij de wetenschappers in zijn laboratoria opdroeg een vervangingsmiddel voor melk en melkderivaten te zoeken zodat alle koeien konden uitgeroeid worden. Hij was er immers vast van overtuigd dat er alleen dan nooit nog oorlogen zouden zijn. Ieder genie heeft zijn eigen vorm van waanzin.

***Koeiendrek*** is nuttiger dan dogma's want je kunt er land mee bemesten. *(Mao Zedong)*

***Komisch.*** De mens is een zeer komisch schepsel. De meeste dingen die hij doet zijn komisch – eten bijvoorbeeld. En juist de meest komische dingen zijn het meest het doen waard – bijvoorbeeld de liefde bedrijven.
*(G.K. Chesterton)*

Het menselijk leven is in wezen een komedie. Zelfs tragedies lijken de toeschouwer vaak komedies; en niet zelden hebben zij ook voor de slachtoffers komische aspecten. Waarschijnlijk bestaat het geluk hoofdzakelijk in het vermogen juist die aspecten te ontdekken en ervan te genieten. *(H.L. Mencken)*

***Koopjes.*** Koop Oude Meesters: ze stijgen veel sneller in waarde dan Oude Maîtresses. *(Lord Beaverbrook)*

Veel onbetaalbare dingen zijn gewoon te koop.
*(Marie von Ebner-Eschenbach)*

***Kortzichtigheid.*** Meestal zoeken de mensen liever naar wat hun eigen mening bevestigt dan naar wat hun kennis kan bijbrengen. Allemaal kijken we uit naar gebeurtenissen die onze houding rechtvaardigen; wanneer ze dat niet doen, negeren we ze. Het is alsof onze geest in niets meer genoegen schept dan in alsmaar dieper te zinken in kortzichtigheid. *(André Gide)*

***Krant.*** Als men enkele maanden geen krant heeft gelezen en er daarna in bladert, beseft men pas hoeveel tijd men aan zo'n papier vergooit. *(Goethe)*

Elke krant is, van de eerste tot de laatste lijn, niets dan een weefsel van verschrikkingen. En het is met dit weerzinwekkend aperitief dat de beschaafde mens elke morgen zijn ontbijt doorspoelt. *(Charles Baudelaire)*

De belangrijkste dienst welke kranten en magazines aan gevormde mensen bewijzen is dat ze hen leren wantrouwen wat gedrukt staat. *(Samuel Butler)*

***Kunst.*** Vier van de grootste kunsthandelaars van hun tijd – Duveen, Knoedler, Wildenstein en Seligman – besloten hun krachten te bundelen om ook Henry Ford ertoe te bewegen kunst te kopen. Samen gingen ze hem een schitterende catalogus aanbieden: drie boekdelen vol (voor die tijd) weergaloze reproducties en wetenschappelijke toelichtingen. Ford vroeg hun verbaasd wat de bedoeling was, en toen Duveen vlakaf antwoordde dat ze hoopten hem tot het verzamelen van kunst te bewegen, reageerde Ford vol ongeloof: 'Waarom zou ik schilderijen kopen als ik ze allemaal in zo'n mooie boeken kan bekijken?'

Niets is zo'n werkelijk grote kunst als de mensen liefhebben. *(Vincent van Gogh)*

De Finse componist Johan Sibelius, 1865-1957, zei ooit: 'Als ik over niets anders dan kunst wil praten, zoek ik altijd een bankier op. Kunstenaars praten nooit over iets anders dan geld.'

Ik begrijp niets van muziek. In mijn vak heb je dat niet nodig. *(Elvis Presley)*

Duveens evenknie was Bernard Berenson die snel inzag dat de Amerikaanse 'geldadel' bereid was waanzinnige bedragen te betalen, niet zozeer voor kunst als zodanig maar voor haar symbolische betekenis. 'Voor een derderangsschilderij uit het bezit van Engelse adel mag je altijd gerust dubbel zoveel vragen als voor een onbetwistbaar meesterwerk uit het bezit van een Italiaanse aristocraat.'

***Kwade trouw*** is altijd onmisbaar als je vanuit een onbeduidende betrekking naar grotere macht streeft.
*(Niccolò Machiavelli)*

***Lachen.*** Ik lach met elke Meester die niet om zichzelf wist te lachen. *(Friedrich Nietzsche)*

Mensen die nooit lachen mag je nooit au sérieux nemen.
*(Alphonse Allais)*

De enige elegante manier om een belediging te verwerken is: haar ignoren. Kun je dat niet, stel je er dan boven. Lukt ook dat je niet, lach ermee. Als je er niet mee kunt lachen, heb je haar waarschijnlijk verdiend. *(Russell Lynes)*

Als je niet meer met enstige dingen mag lachen, waarmee dan wel? *(Coluche)*

***Lafheid.*** Iedereen zou een lafaard zijn als hij maar durfde.
*(John Wilmot)*

De ellende aan lafaards is hun bezeten bekeringsijver; ze komen pas tot rust als ze iedereen overgehaald hebben om even laf te zijn als zijzelf. *(François Maspero)*

Niets geeft een angsthaas meer moed dan de angst van een ander. *(Umberto Eco)*

***Leegte.*** De menselijke leegte is het enige wat een goed idee geeft van de oneindigheid. *(Ernest Renan)*

Wie nooit gedeputeerde is geweest, kan zich geen idee vormen van de menselijke leegheid. *(Léon Daudet)*

***Leiderschap.*** Om een leider van mensen te zijn moet je hun de rug toekeren. *(Joris Karl Huysmans)*

Wij leiden onze ondernemingen bij hun begin en we leggen hun onze wil op; maar daarna, als ze eenmaal op weg zijn, leiden zij ons en slepen zij ons mee; en we moeten hen wel volgen. *(Michel de Montaigne)*

Wie de weg toont, moet hem zelf gaan. De mensen volgen de wijsvinger niet maar de voeten. *(Edward L. Kramer)*

***Lenen.*** Laten we allemaal gelukkig wezen en leven binnen onze middelen, zelfs als we daarvoor geld moeten lenen. *(Artemus Ward)*

Het heeft geen zin geld te lenen als je van plan bent het terug te betalen. *(Marcus Clarke)*

Als mijn schuldeisers willen vergeten, ben ik bereid hun alles te vergeven. *(Errol Flynn)*

***Leugens*** zijn van essentieel belang voor de mensheid. Ze zijn wellicht even belangrijk als het streven naar levensvreugde; daartoe zijn ze trouwens onmisbaar. *(Marcel Proust)*

Vanzelfsprekend belieg ik andere mensen. Maar ik doe dat onbaatzuchtig, voor ons wederzijds welzijn. De leugen is de hoeksteen waarop goede manieren zijn gebouwd. Dat kan lichtjes schokkend overkomen bij een moralist, maar wat schokt hem niet? *(Quentin Crisp)*

Wat is waarheid waard? Hebben wij allen, moeders, onze zonen niet de smaak van het liegen bijgebracht, van in hun wieg, om hen te paaien, om hen gerust te stellen, om hen te doen inslapen: leugens zo zacht en warm als onze borst? *(Georges Bernanos)*

Wie het niet nodig heeft te liegen, is er trots op geen leugenaar te zijn. *(Friedrich Nietzsche)*

Leugens zijn altijd interessanter dan de waarheid. *(Federico Fellini)*

***Leven.*** Wanneer van iemand gezegd wordt: 'Hij heeft verstand van leven', bedoelt men doorgaans: dat hij het niet zo nauw neemt met de moraal. *(George Savile)*

Als ik geweten had dat ik zo lang zou leven, zou ik beter op mijn gezondheid hebben gepast. *(Eubie Blake, op zijn honderdste verjaardag)*

Een bladzijde in je leven omslaan volstaat niet altijd: af en toe moet je er een durven uitscheuren. *(Achille Chavée)*

Het ***leven*** is een harde uitdaging, en de eerste honderd jaren zijn de hardste. *(Wilson Mizner)*

Het leven is als een tand die door een handige tandarts wordt getrokken; je zet je schrap voor het ergste, en tot je verbazing stel je vast dat alles al voorbij is. *(Otto von Bismarck)*

Telkens wanneer ik iemand hoor zuchten: 'Het leven is hard' ben ik geneigd te vragen: 'Vergeleken met wat?' *(Sydney Harris)*

Het leven is een veel te ernstige aangelegenheid om au sérieux te worden genomen. *(G. K. Chesterton)*

We leven toch in een vreemde wereld. Een mens mag zich gelukkig prijzen als hij er levend uitkomt. *(William Claude Fields)*

Het is nu eenmaal zo in het leven: hoe groter de oogst, hoe meer muizen. *(Ernst Jünger)*

Het beste deel van ons leven gaat voorbij terwijl we zeggen: 'Het is voorbarig'; en tijdens de rest zeggen we: 'Nu is het te laat.' *(Gustave Flaubert)*

***Lezen.*** Waar zal ik ooit de tijd vinden om zoveel dingen ongelezen te laten? *(Karl Kraus)*

***Liegen.*** Lieg nooit als het niet nodig is. *(Leo Szilard)*

Er wordt nogal zwaar gelogen in deze wereld, vooral dan door mensen die boven elke verdenking staan. *(Benjamin Jowett)*

Wie te veel weet, heeft het moeilijk om niet te liegen. *(Ludwig Wittgenstein)*

Wie liegt heeft een verdorven hart en kan dus geen goede soep maken. *(Ludwig von Beethoven)*

Het is altijd wenselijk geweest de waarheid te zeggen, maar zelden of nooit noodzakelijk. *(Arthur James Balfour)*

Ik heb altijd te goeder trouw gelogen. *(Bernard Tapie)*

Het valt moeilijk aan te nemen dat iemand de waarheid spreekt als je in zijn plaats zou hebben gelogen. *(H.L. Mencken)*

***Logica.*** De mens is zo verzot op systemen en abstracte conclusies dat hij bereid is de waarheid bewust geweld aan te doen; hij is bereid de evidentie van zijn zintuigen te loochenen om zijn logica te rechtvaardigen. *(F. M. Dostojevski)*

In werkelijkheid gebeurt er niets dat strikt overeenstemt met de logica. *(Friedrich Nietzsche)*

***Loon.*** Ik kan middelen vinden om hogere lonen te betalen. Als je het bedrag van hun loon vermindert, verminder je de koopkracht van je klanten. *(Henry Ford)*

***Loyauteit.*** Wanneer iedereen denkt dat ik het bij het rechte eind heb, kan loyauteit me geen ene moer schelen; ik heb haar het meest nodig als iedereen overtuigd is dat ik me vergis. *(John Monash)*

***Luchtkasteel.*** Als je luchtkastelen hebt gebouwd, hoeft dat geen verloren moeite te zijn. Het zijn zeer nuttige gebouwen als je er daarna maar fundamenten onder metselt. *(Henry David Thoreau)*

Het is veel leuker kastelen te bouwen in de lucht dan op de grond. *(Edward Gibbon)*

Heel wat luchtkastelen die niets kostten om ze te bouwen, kosten een fortuin om ze weer af te breken.
*(François Mauriac)*

***Luiheid*** is de moeder van elke negen op de tien uitvindingen. *(Philip Saunders)*

Ik geloof niet dat noodzaak de moeder is van vindingrijkheid. Naar mijn mening ontspruit ze rechtstreeks uit gemakzucht, misschien ook uit luiheid. Je vindt uit om jezelf moeite te besparen. *(Agatha Christie)*

***Luisteren.*** Zeldzaam zijn de mensen die willen luisteren naar wat ze niet willen horen. *(Dick Cavet)*

Luisterbereidheid is een onmisbare kwaliteit voor de zakenman. Menig man heeft veel liever dat je naar zijn verhaal luistert dan dat je zijn klacht inwilligt. *(Chesterfield)*

Als je iets te weten wilt komen van iemand, moet je hem daartoe soms overhalen door hem zelf vertrouwelijke dingen te vertellen waaraan hij belang hecht. Kortom: niets brengt iemand zo makkelijk aan de praat als zelf te praten. *(Machiavelli)*

Allang ben ik ervan overtuigd dat ik meer over de mensen te weten kom door te praten dan door te luisteren. Als ze spreken zeggen ze immers zinnen op, doorgaans altijd dezelfde, waaruit moet blijken wat ze graag bewaarheid zouden zien. Als ik met hen praat en verschillende ideeën op hen loslaat, zijn hun reacties veel onthullender. *(Georges Simenon)*

***Maag.*** Toen hij er prat op ging dat hij de fundamenten van zijn fortuin met een lege maag had gelegd, vroeg iemand hem: 'Wiens maag was dat?' *(Lord Birkett)*

Een gezonde maag maakt altijd conservatief. Weinig extremisten hebben een goede spijsvertering. *(Samuel Butler)*

***Maagzweren*** moet je elke dag opnieuw verdienen. *(Mark Kortehove)*

Maagzweren krijg je niet door wat jij eet maar door wat jou opvreet. *(Mary Wortley Montagu)*

***Macht*** wordt alleen bewezen door er misbruik van te maken. *(Raymond Radiguet)*

Wanneer zij niet weet wat met haar macht aan te vangen, vraagt een regering volmachten. *(Hans-Horst Skupy)*

***Management.*** De eerste mythe omtrent management is dat zoiets bestaat; de tweede dat succes gelijkstaat met bekwaamheid. *(Robert Heller)*

Management is niet: briljant zijn, maar nauwgezet. Hoed u voor de geniale manager. Management betekent: zeer weinig eenvoudige dingen doen en ze goed doen. Briljante mensen stop je in je staf. Laat hen in godsnaam nooit beslissingen treffen want het geheim van management is: nooit een beslissing te nemen welke doodgewone menselijke schepselen niet kunnen uitvoeren. *(Peter F. Drucker)*

Het geheim van goed management is: toegeven in kleine dingen. De meeste mensen zijn bereid anders te gaan werken als je hen maar niet verplicht bij een andere kapper te gaan. *(John O. Hobbs)*

Goed management bestaat erin doodgewone mensen te overtuigen dat ze het werk van buitengewone mensen kunnen doen. *(John D. Rockefeller jr.)*

Aan wie nooit een gelegenheid laat voorbijgaan om iets positiefs te zeggen mag het management van gelijk welk belangrijk probleem niet worden toevertrouwd.
*(Ronald Firbank)*

***Manager.*** Om een goed manager te worden door eigen ervaring heb je ongeveer tachtig jaar nodig.
*(Henry Ford II)*

Een succesrijk manager is een man die zijn perfect geklimatiseerd kantoor verlaat om zich in een perfect geklimatiseerde wagen te laten voeren naar zijn perfect geklimatiseerde club om daar een Turks bad te nemen.
*(George Killian)*

Hét kenmerk van de echte manager is dat hij de bal wel vaak verkeerd slaat, maar dat hij het toch altijd bij het rechte eind heeft gehad. *(Robert Buzzel)*

Een manager is iemand die gaat dineren met bezoekende managers terwijl anderen het werk doen. *(H. Minzberg)*

De succesformule voor de manager is: hou de mensen die je haten weg van degenen die nog twijfelen.
*(Casey Stengel)*

Er zijn tijden waarin zelfs de beste manager is als de kleine jongen die wacht tot zijn grote hond laat merken waar hij heen wil en hem daarheen leidt. *(Lee Iacocca)*

Een bekwaam manager is iemand die snel kan beslissen wie het werk moet doen. *(J.G. Pollard)*

***Managerziekte*** is een epidemie die door uurwerken wordt veroorzaakt en door agenda's verspreid.
*(John Steinbeck)*

***Man en vrouw.*** Ik stel dat ware seksuele gelijkheid bereikt zal worden wanneer een generaal genaamd Anthea zal worden betrapt bij een onverstandige lunch met een jong, onbetrouwbaar mannelijk model uit Spanje.
*(John Mortimer)*

Vrouwen zullen het nooit zo ver schoppen als mannen omdat ze geen vrouw hebben om hun goede raad te geven. *(Dick Van Dyke)*

Vroeger werd van een man verwacht dat hij welopgevoed genoeg was om zijn plaats in de bus af te staan aan een vrouw. Nu wordt hij geacht beleefd genoeg te zijn om haar zijn job te geven. *(Patrick Jake O'Rourke)*

Een vrouw moet dubbel zo goed zijn als een man om half zo ver te geraken. *(Fannie Hurst)*

***Markt.*** Het laatste stadium in het klaarstomen van een product voor de markt is die markt klaarstomen voor het product. *(Clive James)*

***Massa.*** Nergens ter wereld heeft ooit iemand geld verloren door de intelligentie van de grote massa gewone mensen te onderschatten. *(H.L. Mencken)*

***Medelijden*** kost niets; het is ook niets waard. *(Josh Billings)*

Alleen een zeer ongelukkig mens heeft het recht om met een ander medelijden te hebben. *(Ludwig Wittgenstein)*

***Meevaller.*** Ik geloof in 'een tikkeltje geluk' want ik stel vast dat ik meer tikkeltjes geluk heb naarmate ik meer werk. *(Thomas Jefferson)*

***Mening.*** Slechts weinig mensen hebben het lef om vrijmoedig meningen te verdedigen die afwijken van de vooroordelen van het milieu waarin ze leven. De meeste mensen zijn zelfs niet bekwaam om zich zulke meningen te vormen. *(Albert Einstein)*

Ik ben niet altijd mijn eigen mening toegedaan. *(Paul Valéry)*

Ik deel niemands mening: ik heb al last genoeg met de mijne. *(Ivan Toergenjev)*

De ***mens*** is een redelijk schepsel dat zich gedraagt als een idioot. *(Albert Schweitzer)*

Natuurlijk: mensen zijn ook maar mensen. De ellende is dat het hun duidelijk niet veel kan schelen.
*(Ivy Compton-Burnett)*

De meesten onder ons groeien op tot het soort mensen waartegen onze moeders ons waarschuwden.
*(Brendan Behan)*

***Middelmatige mensen*** hebben op alles een antwoord en verbazen zich over niets. *(Eugène Delacroix)*

Veel middelmatigen hebben succes doordat middelmatigheid geruststelt. *(Auguste Detoeuf)*

***Misdadigers*** zijn niet altijd mensen die iets hebben gedaan, maar vaak mensen die verzuimd hebben iets te doen. *(Marcus Aurelius)*

Het is geen geheim dat de georganiseerde misdaad in Amerika veertig miljard dollar per jaar incasseert. Dat is geen klein gewin als je bedenkt dat de maffia heel weinig kantoorkosten heeft. *(Woody Allen)*

***Mislukking*** brengt een gevoel van eenzaamheid teweeg en dat is allesbehalve prettig. Niettemin: als ik een film heb gemaakt kan het me niet veel schelen als ie flopt. Wat me wél treurig stemt is de mateloze bewondering van iemand die me prijst voor de verkeerde redenen.
*(Federico Fellini)*

De kwaliteit van je mislukkingen is even belangrijk als die van je successen. *(Marc MacCormack)*

De meeste uitgevers zijn mislukte schrijvers. De meeste schrijvers trouwens ook. *(Thomas Stearns Eliot)*

We moeten hooggeschoolden leren dat het geen schande is te mislukken en dat ze elke mislukking moeten analyseren om er de oorzaak van te begrijpen. Ze moeten leren mislukken op een intelligente manier, want zó mislukken is een van de grootste kunsten die er bestaan.
*(Charles F. Kettering)*

Altijd geprobeerd. Altijd mislukt. Geen erg. Probeer opnieuw. Misluk opnieuw. Misluk beter. *(Samuel Beckett)*

Het leven van een man is in de eerste plaats interessant als hij mislukt is. Dat is immers een bewijs dat hij gepoogd heeft zichzelf te overtreffen. *(Georges Clemenceau)*

Iedereen die bij zijn dood 10.000 dollar nalaat, was een mislukkeling. *(Errol Flynn)*

Een mislukkeling is iemand die niet hard genoeg werkt omdat hij overtuigd is slim genoeg te zijn om het zonder hard werken te kunnen rooien. De meeste mensen denken dat zij op een dag wakker zullen worden en vaststellen dat ze rijk en beroemd zijn. Wakker worden zullen ze in elk geval. *(Thomas Edison)*

We zijn allemaal mislukkelingen, althans de besten onder ons. *(James Matthew Barrie)*

Het wijdverbreide idee dat succes de mensen bederft en hen ijdel, egoïstisch en zelfgenoegzaam maakt, is verkeerd. Integendeel, meestal maakt succes hen nederig, verdraagzaam en vriendelijk. Mislukken maakt mensen bitter en wreed. *(William Somerset Maugham)*

Hij was een selfmade man die zijn gebrek aan succes aan niemand anders was verschuldigd. *(Joseph Heller)*

***Misprijzen.*** Er zijn tijden waarin je zuinig moet omspringen met je misprijzen omdat zovelen er recht op hebben. *(François de Chateaubriand)*

Doorgaans acht wie zichzelf veracht, zichzelf daarom hoog. *(Susan Sontag)*

Het leven heeft me geleerd dat we niet misprezen worden om onze gebreken, maar gekleineerd en zelfs gehaat om onze kwaliteiten. *(Bernard Berenson)*

Wie een afkeer heeft van zichzelf heeft doorgaans gelijk. *(Coco Chanel)*

***Mode.*** Geen dictator ter wereld is bij machte zoveel mensen te tiranniseren als een succesrijk modeontwerper. *(Audrey Hepburn)*

Ook wie de mode van geen kanten wil volgen, is er de slaaf van. *(Logan P. Smith)*

Nog nooit in de geschiedenis van de mode is zo weinig stof zo zuinig gesneden om zoveel te laten zien dat zoveel beter ongezien was gebleven. *(Cecil Beaton)*

De nieuwste mode: van binnen zonder. *(Birgit Berg)*

***Nageslacht.*** We sloven ons af om het leven te hervormen opdat onze nakomelingen gelukkiger kunnen zijn; en al onze nakomelingen zullen zeggen: 'In het verleden was het beter dan nu; ach, die goeie ouwe tijd.'
*(Anton Tsjechov)*

***Naïviteit*** is een te belangrijk bestanddeel van het menselijk geluk om er geen begrip voor te moeten hebben. *(Henry de Montherlant)*

***Narigheid.*** De grootste narigheden in het bedrijfsleven worden niet veroorzaakt door kwade bedoelingen maar door de enorme moeilijkheid om de beste bedoelingen te realiseren. *(Henry Ford II)*

***Navolgen.*** Altijd precies het tegenovergestelde doen, is ook een vorm van navolging. *(Georg C. Lichtenberg)*

Er zijn dingen die je alleen kunt realiseren door een welbewuste sprong in de tegengestelde richting. Je moet naar het buitenland trekken om je verloren thuis terug te vinden. *(Franz Kafka)*

***Nederigheid*** is mijn grootste talent niet, en telkens wanneer ik enige tijd nadenk over mijn tekortkomingen beginnen die geleidelijk aan goedaardige, onschuldige, vrij aantrekkelijke kleinigheden te zijn – en helemaal niet zo'n in het oog springende gebreken zoals in het karakter van andere mensen. *(Margaret Halsey)*

Wanneer je zo groot bent als ik, is het moeilijk nederig te wezen. *(Muhammad Ali)*

Nederigheid is geen verzaken aan trots, maar het vervangen van een soort trots door een andere. *(Eric Hoffer)*

Als ik een beetje nederigheid bezat, zou ik volmaakt zijn. *(Ted Turner)*

Het is ontnuchterend vast te stellen dat Mozart, toen hij mijn leeftijd had, al een jaar dood was. *(Tom Lehrer)*

***Neurose.*** Een zekere graad van neurose is, als drijfkracht, van onschatbare waarde – vooral dan voor de psychiater. *(Sigmund Freud)*

Al wat groot is in deze wereld is geschapen door neurotici. Zij hebben onze religies gesticht en onze meesterwerken gecreëerd. *(Marcel Proust)*

***Nieuwswaarde*** hebben is rondlopen met een blik aan je staart. *(T.E. Lawrence)*

Pas over een eeuw weten we welk nieuws belangrijk is. *(Friedrich Nietzsche)*

***Nota's*** worden opgesteld, niet om wie dan ook te informeren, maar om de schrijver in te dekken.
*(Dean Acheson)*

***Nuances.*** Respecteer de nuances: alleen daarin houdt de waarheid zich verborgen. *(Gustave Flaubert)*

***Nulgroei.*** En op een dag breekt de storm los. Eén behoefte overweldigt je: uitstappen! Uit de trein springen! Heimwee naar stilstand, naar nulgroei, naar onbeweeglijk blijven of terugkeer naar het punt voordat je op een kwalijke manier in versnelling werd geschakeld. *(Robert Musil)*

***Nuttig.*** Als je niet rijk bent, moet je er altijd nuttig uitzien. *(Louis-Ferdinand Céline)*

Een nuttig mens moeten zijn heb ik altijd als iets bijzonder afschuwelijks beschouwd. *(Charles Baudelaire)*

Nutteloze wetten verzwakken de noodzakelijke.
*(Charles de Montesquieu)*

***Omkopen.*** Een mens wordt makkelijker omgekocht door een beroep op zijn loyauteit of door zijn ambitie dan door geld. *(Robert H. Jackson)*

***Omstandigheden*** beheersen de mens, en niet omgekeerd. *(Herodotus)*

Een mens is geen schepping van omstandigheden. Omstandigheden zijn scheppingen van de mens.
*(Benjamin Disraeli)*

***Onbaatzuchtigheid.*** De meeste mensen zouden onbaatzuchtiger zijn als dat maar meer opbracht.
*(Mark Kortehove)*

***Onbegrip.*** Ik heb zwaar geleden onder onbegrip, maar misschien zou ik nog zwaarder hebben geleden als ik begrepen was geweest. *(Clarence Darrow)*

***Onbenul.*** De grootste onvoorzichtigheid bestaat erin onbenullen te negeren. Onbenulligheid is een gas zonder kleur noch geur. Men laat toe dat het zich rustig accumuleert, en plots ontploft het met een onvoorstelbare kracht.
*(Georges Bernanos)*

***Ondankbaarheid.*** Dat is de ellende met regisseurs: altijd bijten ze de hand die de gouden eieren legt.
*(Samuel Goldwyn)*

Wie de hand bijten die hen voedt, likken doorgaans de hielen van wie hen schopt. *(Eric Hoffer)*

Mensen klagen graag over de ondankbaarheid van hen door wie ze voorbijgestreefd werden. *(Samuel Johnson)*

De beste definitie van de mens is: de ondankbare tweevoeter. *(F. M. Dostojevski)*

Je kunt altijd gerust staat maken op ondankbaarheid.
*(Herbert Müllersen)*

***Onderhandelen.*** Ik heb uw standpunten gehoord. Ze botsen met de mijne. Deze beslissing wordt unaniem genomen. *(Charles de Gaulle)*

Wat van mij is, hoort mij alleen toe; wat u toebehoort, is onderhandelbaar. *(Josef Stalin)*

Als je moet onderhandelen met een erg belangrijk personage, beeld je dan in dat hij voor je zit in zijn lange rooie onderbroek. Die methode verklaart voor een stuk mijn succes in zaken. *(Joseph P. Kennedy)*

***Ongelijk.*** Verdraag de dwazen: misschien hebben ze gelijk. *(Holbrook Jackson)*

Denk nooit dat iemand zo slim is als jij. Misschien is hij veel slimmer. *(T. Thomas)*

***Onkreukbaarheid.*** Ik zat in het verkeerde soort business maar ik heb altijd integer gehandeld. *(Sydney B. Barrows, bordeelhoudster)*

***Onkunde.*** De mens leeft niet van onkunde en bekrompenheid alleen hoewel zo menigeen dat blijft proberen. *(Mark Kortehove)*

***Onmisbaar.*** Elke mens is onmisbaar maar niemand onvervangbaar. *(Ralph Waldo Emerson)*

***Onmogelijk.*** Dankzij hen die het onmogelijke hebben nagestreefd is het mogelijke mogelijk geworden. *(Max Weber)*

Vaak moet men op het onmogelijke mikken om het mogelijke te treffen. *(Raymond Aron)*

Ik heb nog nooit iemand ontdekt die genoeg weet om te bepalen wat absoluut onmogelijk is en wat niet.
*(Henry Ford)*

Wat utopisch is, is daarom niet noodzakelijk onmogelijk.
*(Marguerite Yourcenar)*

Ik hou van de man die droomt van het onmogelijke.
*(Goethe)*

***Onschuld.*** En wat de onschuldige genoegens des levens betreft moet worden toegegeven dat ze toch één gebrek hebben: ze zijn zo onschuldig. *(Søren Kierkegaard)*

***Ontbijt.*** Werk nooit vóór je ontbijt; en als je voor je ontbijt móét werken, ontbijt dan eerst. *(Josh Billings)*

***Ontdekken*** betekent: zien wat iedereen al heeft gezien en daarbij denken wat nog niemand heeft gedacht.
*(Albert Szent-Györgyi)*

***Ontslag.*** De Britse persmagnaat Robert Maxwell had zo'n hekel aan sigarettenrook dat hij iedereen, op straffe van ontslag op staande voet, verbood te roken in zijn bedrijven. Op een dag betrapte hij een man die stiekem een sigaret opstak. 'Hoeveel verdien jij?' vroeg hij. '75 pond per week,' zei de man. Maxwell nam zijn portefeuille en gaf hem 300 pond. 'Dat is je maandloon,' blafte hij, 'en maak nu dat je wegkomt.' Wat de man deed zonder te vermelden dat hij alleen maar een pakje was komen afgeven en verder niets met het bedrijf te maken had.

Mijn schoonbroer moest zijn ontslag indienen wegens ziekte. Zijn baas werd ziek zodra hij hem zag.
*(Henny Youngman)*

Wie viermaal beklemtoont dat hij niet van plan is ontslag te nemen, zal spoedig ontslag nemen. *(John K. Galbraith)*

***Onwetendheid*** is de voorwaarde, ik zeg niet om gelukkig te zijn maar gewoon om te kunnen bestaan. Als we alles zouden weten, zouden we geen uur langer willen leven. *(Anatole France)*

De geneugten van de onwetendheid zijn, op hun manier, even groot als die van de kennis. *(Aldous Huxley)*

Onwetendheid is de vloek van de eeuw waarin we leven. We kletsen over de duistere middeleeuwen: welke daaronder was zo duister als de onze? We hebben onszelf versmoord, onszelf begraven onder een enorme hoop informatie die we allemaal slikken en die niemand onder ons kan verteren. *(Gamaliel Bradford)*

***Onzekerheid.*** Mijn hele leven lang was ik ervan overtuigd dat ik toch *iets* wist. En op een dag ontdekte ik dat ik *niets* wist, *absoluut niets*. Meteen verloren woorden elke betekenis. Te laat werd ik mij bewust van de ultieme onzekerheid. *(Ezra Pound)*

Een beetje onzekerheid is goed voor iedereen. *(Henry Alfred Kissinger)*

***Oordeel.*** Je bezit geen mededogen, alleen waarheidsliefde; daarom is je oordeel zo onrechtvaardig. *(Fjodor M. Dostojevski)*

***Opbeuring.*** Ik voelde me uitgeblust, dus liet ik de boel maar waaien en maakte wat marmelade. Het is ongelooflijk hoezeer sinaasappelen pellen of de vloer schrobben een mens kan opbeuren. *(David Herbert Lawrence)*

***Openheid.*** Wie zijn geest te open houdt, valt er soms zelf in. *(Natalie C. Barney)*

***Opleiding.*** Creatieve geesten zijn er altijd in geslaagd elke soort van opleiding te overleven. *(Anna Freud)*

Mijn opleiding was een soort inenting: ik kreeg er precies de juiste dosis van om voor de rest van mijn leven immuun te zijn. *(Alan Bennet)*

***Oplossing.*** De meeste mensen besteden meer tijd en energie om problemen te ontwijken dan om ze op te lossen. *(Henry Ford)*

Het is zoveel makkelijker oplossingen voor te stellen als je het probleem niet begrijpt. *(Brendan Francis)*

Geen probleem is zo groot of zo ingewikkeld dat je er niet kunt van weglopen. *(Graffito in Londen, 1979)*

Problemen leiden altijd tot nog meer problemen.
*(Lee Iacocca)*

Vaak is het uit de mond van de grootste mafkees dat de oplossing van het taaiste probleem oprispt. Mafkezen lopen geen groter risico om zich te vergissen dan alle anderen. En omgekeerd. *(Yves Audouard)*

Als je een probleem hebt met varkens, moet je een beroep doen op zwijnen. *(S.I. Hayakawa)*

Alles betwijfelen en alles geloven zijn twee even makkelijke oplossingen. In beide gevallen bespaar je jezelf de moeite van het nadenken. *(Jules H. Poincaré)*

Laat te hete hangijzers gerust vallen. *(Hellmut Walters)*

Iedereen is altijd een deel ofwel van het probleem ofwel van de oplossing. *(Eldridge Cleaver)*

De voornaamste bron van problemen zijn de oplossingen. *(Eric Sevareid)*

***Opportunist.*** Ik ben liever een opportunist die blijft drijven dan naar de dieperik te gaan met een pak principes rond mijn nek. *(Stanley Baldwin)*

***Opstaan.*** De ellende aan de morgen is dat hij altijd zo onmenselijk vroeg aanbreekt. *(Dominic Cleary)*

Vaak heb ik zeer duidelijk een andere mening wanneer ik in bed lig dan wanneer ik opgestaan ben.
*(G.C. Lichtenberg)*

Het was zo'n prachtige dag dat ik het zonde vond om op te staan. *(W. Maugham)*

***Een optimist*** is iemand die niet gehinderd wordt door veel ervaring. *(Don Marquis)*

Ik ben pessimist door intelligentie maar optimist uit wilskracht. *(Antonio Gramsci)*

Er zijn tijden dat je een optimist moet zijn om je ogen te willen openen als je 's morgens wakker wordt.
*(Carl Sandburg)*

Als het water je tot de lippen reikt, mag je het hoofd niet laten hangen. *(Ulrich Steger)*

De wereld hoort toe aan de optimisten: pessimisten zijn alleen maar toeschouwers. *(François Guizot)*

***Opvliegend.*** Ik heb nog niemand gekend die ook maar een sikkepit waard was en *niet* lichtgeraakt. *(Erza Pound)*

***Orde.*** We worden door twee rampen bedreigd: orde en wanorde. *(Paul Valéry)*

***Organisatie.*** Grote bedrijven zijn onsamenhangende bedrijven. Je zou bijna kunnen stellen dat organisatie altijd desorganisatie is. *(G. K. Chesterton)*

***Origineel*** ben je nooit met opzet. *(William S. Maugham)*

Een maatschappij die zou bestaan uit enkelingen die allemaal bekwaam zijn tot origineel denken zou waarschijnlijk onleefbaar zijn. *(H.L. Mencken)*

Meestal is originaliteit niets anders dan onontdekt plagiaat. *(Voltaire)*

Ik ben bang dat ik mijn onbekendheid zal verliezen. Originaliteit gedijt alleen in het duister. Zoals selderij. *(Aldous L. Huxley)*

***Oud en jong.*** Hoofdschudden over 'de jeugd van tegenwoordig' is noodzakelijk voor de gezondheid der ouden van dagen. Die lichaamsbeweging komt in hoge mate hun bloedsomloop ten goede. *(Logan P. Smith)*

Als we achttien zijn, zijn onze opinies heuvels van waarop we neerkijken op de wereld; en als we 45 zijn worden het holen waarin we voor de wereld gaan schuilen. *(Francis Scott Fitzgerald)*

Ouderen zijn altijd geneigd te geloven dat de raad welke zij aan jongeren geven ertoe moet strekken hun alle illusies te ontnemen. *(William C. Bagley)*

Je begint pas jong te worden als je zestig bent, en dan is het te laat. *(Pablo Picasso)*

***Oud worden*** is alleen maar een slechte gewoonte; een bezig mens geeft daar niet aan toe. *(André Maurois)*

Ik geloof niet in verouderen. Veeleer vrees ik dat wij op een bepaalde leeftijd stilvallen en stagneren.
*(Thomas Stearns Eliot)*

Vooral als je bergop gaat, merk je hoe snel je bergaf gaat.
*(George Du Maurier)*

Men is oud zodra men zich gaat afvragen wat er zal gebeuren in plaats van wat men kan doen.
*(Denis de Rougemont)*

Vroeger was ik bang om ouder te worden omdat ik dan niet alles zou kunnen doen wat ik graag zou doen; maar nu ik tachtig ben ontdek ik dat ik die dingen helemaal niet meer wil doen. *(Nancy Astor)*

Het ergste aan oud worden is niet dat je zoveel, maar dat je zo weinig verandert. *(Max Lerner)*

Toen ik twintig was, waren zestigjarigen voor mij een ander soort mensen; nu ik zeventig ben, zijn twintigjarigen voor mij zo'n andere soort. *(Henry Kissinger)*

Je bent 32. Je nadert nu snel de leeftijd waarop je lichaam, of dat jou nu hindert of niet, andere mensen begint te hinderen. *(Alan Bennett)*

Het voordeel van de ouderdom is dat men niet meer verlangt naar dingen die men zich niet kon permitteren in zijn jeugd. *(Walter Matthau)*

In mijn jeugd zei men me: 'Je zult wel zien, als je vijftig wordt.' Ik ben nu vijftig, en ik heb nog niets gezien.
*(Eric Satie)*

De jaren tussen vijftig en zestig zijn de moeilijkste: je wordt voortdurend gevraagd om dingen te doen en je bent nog niet voldoende afgetakeld om ze niet te doen.
*(T.S. Eliot)*

Ook als zestigjarige kan men nog de veertigjarige uithangen, maar dan niet veel langer dan een half uur per dag.
*(Anthony Quinn)*

De tweede lente begint met het tweede kunstgebit.
*(Walter Matthau)*

Wat ik nu weet als zestiger, wist ik evengoed toen ik twintig was. Veertig jaar lang heb ik besteed aan een overbodig proces van verificatie. *(Cioran)*

***Overdrijven.*** Alles wat overdreven is, is verwaarloosbaar.
*(Charles de Talleyrand)*

Ik zeg het je nu al voor de vijftigduizendste keer: hou op met overdrijven! *(Graffito)*

***Overschatten.*** We zijn zo graag bereid iemand te overschatten omdat we heimelijk aanvoelen dat we hem, te zijner tijd, wel op maat zullen kunnen snijden.
*(Eric Hoffer)*

***Overtuigen.*** Iemand die alsmaar zegt: 'Ik ben niet debiel!' probeert doorgaans vooral zichzelf te overtuigen.
*(Wilson Mizner)*

Elke overtuiging is een ziekte. *(Francis Picabia)*

Als je hen niet kunt overtuigen, breng hen in verwarring. *(Harry S. Truman)*

***Paperasserij.*** Wij zijn bij machte om de zwaartekracht te overwinnen maar worden vaak omvergespoeld door paperasserij. *(Werner von Braun)*

***Paradijs.*** De enige ware paradijzen zijn de verlorene. *(Marcel Proust)*

***Paraplu.*** Hoeveel mensen verongelukken er niet doordat ze hun paraplu niet durven loslaten. *(Paul Valéry)*

***Parfum.*** Een vrouw die te veel parfum gebruikt, bewijst alleen dat dit nodig is. *(Sydney J. Harris)*

***Parkeren.*** Ik heb net het parkeerprobleem opgelost: ik heb een geparkeerde auto gekocht. *(Henny Youngman)*

***Partijdigheid.*** Onpartijdigheid is iets kunstmatigs. De mens is altijd partijdig en hij heeft daar alle recht toe. Zelfs onpartijdigheid is partijdig. *(G. C. Lichtenberg)*

Ik wil beloven dat ik oprecht, maar niet dat ik onpartijdig zal zijn. *(Goethe)*

***Parvenu's***, dat zijn altijd de anderen. *(Anka Muhlstein)*

Hij is gearriveerd, maar in welke staat! *(Alfred Capus)*

***Pensioneren*** doodt meer mensen dan hard werken ooit heeft gedaan. *(Malcolm Forbes)*

Met pensioen gaan als je 65 bent is belachelijk. Toen ik 65 was had ik nog puberale pukkels. *(George Burns)*

Lang voordat ze met pensioen gingen, zijn enorm veel managers al met pensioen gegaan. *(Peter F. Drucker)*

Psychologisch is het uitermate hard met rust te gaan. Ik ben zoals dat ouwe paard van de brandweer: zodra ik een bel hoor rinkelen, storm ik automatisch mijn stal uit. *(Arthur Charles Nielsen, 'de paus van de marktstudies')*

Het leven zou heerlijk zijn als je met pensioen kon gaan zonder dat je partner dat weet. *(Evan Esar)*

Juich niet als iemand met pensioen gaat voordat je zijn opvolger hebt gezien. *(Japans spreekwoord)*

***Peppil.*** Nooit werk ik beter dan wanneer ik gedreven ben door woede. Als ik in alle staten ben, kan ik goed schrijven, bidden en preken want woede prikkelt mijn temperament en scherpt mijn intelligentie aan. Al mijn wereldse irritaties en bekoringen vallen van me af. *(Maarten Luther)*

***Pessimisme.*** Ik voel me erg optimistisch wat de toekomst van het pessimisme betreft. *(Jean Rostand)*

Ook wat we zelf misdoen, doen we niet beter. *(Mark Kortehove)*

Veel pessimisme wordt veroorzaakt doordat wij anderen de neigingen toeschrijven welke wij zelf zouden hebben als wij in hun plaats waren. *(W. S. Maugham)*

Men moet de moed hebben van zijn pessimisme. *(Ian McEwan)*

Een ***petitie*** is een lijst van mensen die de moed niet hadden om hun handtekening te weigeren. *(Evan Esar)*

Ik besef wel dat mijn naam niets zal toevoegen aan de waarde van de lijst, maar het feit hem erop te hebben geschreven zal veel waarde toevoegen aan mijn naam. *(Proust toen hij een petitie ondertekende ten gunste van Alfred Dreyfus)*

***Piekeren.*** De reden waarom gepieker meer mensen doodt dan werken, is dat er meer mensen piekeren dan er werken. *(Robert Frost)*

Jezus, je kunt toch niet beginnen te piekeren over wat er zou kunnen gebeuren. Ik krijg al krampen genoeg van wat er aan het gebeuren is. *(Lauren Bacall)*

De beste remedie tegen piekeren: werk in plaats van whisky. *(Thomas Edison)*

***Pietje precies.*** Ik geef grif toe dat 'tweemaal twee is vier' een voortreffelijke stelling is, maar om de volle waarheid te zeggen: 'tweemaal twee is vijf' lijkt af en toe niet minder bekoorlijk. *(Fjodor M. Dostojevski)*

Een rigoureuze preciesheid is het ideaal van kleine zielen. *(Valéry Larbaud)*

Wie alles bij zijn juiste naam zou noemen, zou geen straat in kunnen zonder tegen de grond te worden geslagen als vijand nummer één. *(George Savile)*

***Plagiaat.*** Het is bijzonder moeilijk zichzelf niet te plagiëren. *(Marcel Proust)*

De eerste man die de wangen van een jonge vrouw vergeleek met een roos was een dichter; de eerste die hem dat nazei was vermoedelijk een idioot. *(Salvador Dali)*

Kunstenaars zonder maturiteit plagiëren, de anderen stelen. *(Lionel Trilling)*

***Plezier.*** De meeste mensen jagen het plezier met zulk een ademloze haast na dat zij het voorbijschieten.
*(Søren Kierkegaard)*

***Plicht.*** Het ellendige aan plichtsvervulling is dat je geen tijd meer overhebt om plezierigere dingen te doen.
*(Edith Wharton)*

***Populariteit.*** Een te grote populariteit maakt onpopulair.
*(H. J. Kulenkampff)*

Iedereen haat me omdat iedereen zoveel van me houdt.
*(Peter De Vries)*

***Praten.*** Mijn overgrootvader placht zijn vrouw, mijn overgrootmoeder, te zeggen – en die zei dat op haar beurt tot haar dochter, mijn grootmoeder, die dat doorgaf aan haar dochter, mijn moeder, die haar dochter, mijn zuster, daar om de haverklap aan herinnerde – dat bondig én interessant praten een zeer grote kunst is, maar dat het geen geringere kunst is het juiste moment te kennen om daarmee op te houden. *(Wolfgang Amadeus Mozart)*

***Precedent.*** Alle kwalijke precedenten waren te zijner tijd gerechtvaardigde maatregelen. *(Julius Caesar)*

Er is niets zo absurd of zo belachelijk dat het al niet eerder is gezegd door een of andere filosoof. *(Cicero)*

***Prijsbewust.*** Niets kan niet een beetje slechter worden gemaakt en een beetje goedkoper verkocht aan wie alleen maar prijsbewust is. *(John Ruskin)*

***Principes.*** Het is makkelijk principes te hebben wanneer je rijk bent. Belangrijk is dat je principes hebt als je nog arm bent. *(Ray Kroc)*

'Doe de anderen aan wat zij u zouden aandoen': dat is het basisprincipe in zaken. *(Charles Dickens)*

***Probleem.*** Wat aan te vangen met de probleemmanagers als de problemen gemanaged zijn, is een groot probleem. *(Gay Talese)*

In een probleemsituatie duikt er altijd een nieuw probleem op zodra er een is opgelost: er zijn geen eenzame kakkerlakken in een keuken. *(Warren Buffett)*

Laat ons die vervelende problemen recht in de ogen kijken, en dan maken dat we wegkomen. *(Dennis Robertson)*

Zeg me niet dat dit probleem moeilijk is: als het niet moeilijk was, zou het geen probleem zijn. *(Ferdinand Foch)*

Een probleem dat niet kan opgelost worden, is een probleem dat slecht gesteld is. *(Albert Einstein)*

Ik heb nog nooit een probleem ontmoet, hoe ingewikkeld ook, dat niet nog ingewikkelder werd als je het vanuit het juiste perspectief bekeek. *(Poul Anderson)*

***Productie*** vult alleen de leegte die ze zelf heeft geschapen. *(J.K. Galbraith)*

***Productiviteit.*** Tegenwoordig spannen de meeste werkgevers zich meer in om hun productiveit dan om hun producten te verbeteren. *(Henry Ford II)*

***Promotie.*** Als je promotie wilt maken, zorg er dan voor dat je baas daar beter van wordt. *(William George)*

In ieders leven komt er een ogenblik dat je de plaats moet ruimen voor een oudere. *(Reginald Maudling)*

Het snelst kom je vooruit op het stokpaardje van je baas. *(Roemeens spreekwoord)*

Ik heb nooit geaarzeld promotie te verlenen aan iemand die dat verdiende, ook als ik persoonlijk een afkeer van hem had. *(Thomas J. Watson jr.)*

***Propere handen.*** De man die met propere handen ontsnapt uit het management van 's werelds bedrijf, ontsnapt als bij wonder. *(Plato)*

***Protocol.*** Iemand vroeg aan Bernard Baruch, 1870-1965, welke principes hij hanteerde opdat geen van de talloze notabelen, die hij regelmatig op zijn banketten inviteerde, zich tekortgedaan voelde op protocolair gebied. 'Ik geef daarover aan niemand instructies,' antwoordde hij. 'Mensen die echt van belang zijn, hechten daar geen belang aan; en zij die dat wél doen, zijn van geen belang.'

***Publiciteit*** bedriegt de mensen niet; zij helpt hen alleen om zichzelf te bedriegen. *(Eric Hoffer)*

Eenden leggen hun eieren in alle stilte, kippen kakelen als gekken. Bijgevolg eet iedereen kippeneieren.
*(Henry Ford)*

Thomas J. Barratt, vaak 'de vader van de moderne reclame' genoemd, zei ooit: 'De eerste de beste idioot kan zeep maken, maar je moet ze alle vijf op een rijtje hebben om zeep te kunnen verkopen.'

Phineas T. Barnum, 1810-1891, schreef het wereldwijde succes van zijn circus toe aan onafgebroken publiciteit. Hij zei: 'Geen lezer let op de eerste advertentie; de tweede wordt gezien maar niet bekeken; de derde bekeken maar niet onthouden; bij de vierde registreert de krantenlezer de prijs; over de vijfde praat hij met zijn vrouw; na de zesde is hij geneigd te kopen; en na de zevende wil hij het product niet meer missen.'

Reclame is de kunst te mikken op het hoofd en de portefeuille te treffen. *(Vance Packard)*

Toen kauwgomkoning Philip K. Wrigley werd gevraagd waarom hij onverminderd publiciteit voerde 'hoewel de markt verzadigd' was, antwoordde hij: 'Waarom laat een piloot de motoren van zijn vliegtuig draaien als hij de gewenste hoogte heeft bereikt?'

De slechtste publiciteit is geen publiciteit. *(E.M. Wellings)*

Toen de Britse publicist Gilbert Keith Chesterton, 1874-1936, op een avond met vrienden over Broadway wandelde en de alles overspoelende lichtreclame zag, zuchtte hij: 'Welk een paradijselijk wonder zou dit zijn als je zo gelukkig bent niet te kunnen lezen!'

De ***realiteit*** is onze voornaamste tegenstrever. *(Olof Palme)*

De werkelijkheid laat veel over aan de verbeelding. *(John Lennon)*

***Resultaten***? Menslief, ik heb massa's resultaten behaald. Ik heb wel 50.000 dingen uitgevonden die niets waard zijn. *(Thomas Edison)*

***Revolutie*** is utopium voor het volk. *(Arthur Case)*

***Rijk.*** Mijn droom is: leven als een arm man met massa's geld. *(Pablo Picasso)*

Als iemand je zegt dat hij rijk geworden is door hard werk, vraag hem dan:'Wiens werk?' *(Don Marquis)*

Mijn rijkdom heeft geen complexen meegebracht. Ik heb hard gewerkt voor mijn geld door dingen te produceren die de mensen nodig hebben. Ik geloof dat een bekwaam topindustrieel die rijkdom en tewerkstelling produceert meer belangstelling van de geschiedenis verdient dan politici en soldaten. *(Jean Paul Getty)*

Er zijn mensen die veel geld hebben en er zijn mensen die rijk zijn. *(Coco Chanel)*

Geld verdienen is gemakkelijk. Je hoeft je alleen maar met niets anders bezig te houden. *(John D. Rockefeller)*

***Rijpheid*** is een hoge prijs die je moet betalen om volwassen te worden. *(Tom Stoppard)*

Rijpen? Men verhardt op een aantal plaatsen en rot op andere. Rijper worden doen we nooit.
*(Catharina van Siena)*

Een geest is niet minder rijp omdat er enkele wormen in huizen. *(Friedrich Nietzsche)*

***Robot.*** Het voordeel van robots in de industrie is dat ze niet kunnen staken; het nadeel is dat ze geen auto's kopen. *(Walther Reuther)*

De grootste uitdaging is niet robots maar mensen doen denken. *(B.F. Skinner)*

***Roddelen.*** Spreek over niemand anders kwaad dan over jezelf. Dan zul je tenminste geloofd worden.
*(Coco Chanel)*

Ik heb een hekel aan het verspreiden van geruchten, maar wat kun je er anders mee doen? *(Amanda Lear)*

Iedereen die tegemoetkomt aan de natuurlijke drang om een stuk roddel door te geven, ervaart de explosieve opluchting die gepaard gaat met het voldoen aan een natuurlijke behoefte. *(Primo Levi)*

Het kan me niet schelen wat iedereen achter mijn rug roddelt zolang ze maar liegen. *(Truman Capote)*

***Roem***! Wat een leeg woord en wat voor een nutteloze beloning! Sedert ik het eenvoudige leven rond de Stille Zuidzee heb leren kennen, denk ik er alleen nog aan me zo ver mogelijk te verwijderen van de mensen en, bijgevolg, van de roem. Zo snel mogelijk trek ik daarheen en ik zal er mijn talent begraven onder de wilden en van mij zal niets meer worden gehoord. *(Paul Gauguin)*

Roem is lijk een markt: als je een tijdje wacht, zakken de prijzen. *(Francis Bacon)*

En dan heb je de roem! Noem alles: honger, ellende, onbegrip bij het publiek – en roem blijft veruit het ergste. Hij is de gesel Gods voor de kunstenaar. Droevig is dat; maar het is waar. *(Pablo Picasso)*

In de toekomst zal iedereen gedurende vijftien minuten wereldberoemd zijn. *(Andy Warhol)*

Niets wordt zo duur betaald als roem. *(Sidney Smith)*

Roem is het kluwen van misverstanden dat samenklit rond een nieuwe naam. *(Rainer Maria Rilke)*

***Roomijs.*** Neem nooit een besluit voordat je minstens de keuze hebt tussen vanille en chocolade. En als er meer dan een miljoen dollar op het spel staat, zou het een goed idee zijn ook nog aardbei te kunnen kiezen. *(Lee Iacocca)*

***Room Service.*** Thomas Du Pont, eigenaar van het Amerikaanse chemieconcern Dupont de Nemours & Co, liet eens een suite voor zich reserveren in het beste hotel van Chicago. 's Avonds vond hij een zeer sexy nachtjapon in een kleerkast. Hij belde de manager, gaf hem het frivole ding en zei: 'Direct vullen en terugbrengen!'

***Ruimte.*** Niemand vraagt je Mozart door het venster te gooien. Bewaar Mozart. Behoud ook Mozes, en Boeddha, en Laozi, en Christus. Bewaar hen in je hart. Maar schep ruimte voor de anderen, voor hen die aankomen, voor hen die al op de ruiten van je vensters tikken.
*(Henry Miller)*

In dit ruimtetijdperk ligt veruit de belangrijkste ruimte tussen de oren. *(Anne Armstrong)*

***Rust*** is de zoete saus bij zwaar werk. *(Plutarchus)*

Een goede rust is het halve werk. *(Joegoslavisch spreekwoord)*

Je kunt niet behoorlijk rusten zonder een constante praktijk. *(George Adé)*

Elke idioot kan werken maar om te rusten heb je verstand nodig. *(Ernest Hello)*

Ik heb zoveel te doen dat ik maar liever naar bed ga. *(Spreekwoord uit Savooie)*

***Ruzie***? Nonsens! We hébben geen ruzie gemaakt. Als je niet af en toe woest op elkaar mag worden, heb je beter geen vrienden. *(George Eliot)*

De verschrikkelijkste ruzies barsten niet los wanneer de ene mening botst tegen de andere, maar wanneer twee mensen dezelfde mening zijn toegedaan en er een verschillende interpretatie aan geven. *(Søren Kierkegaard)*

In de dagelijkse praktijk is er maar één nodig om ruzie te maken. *(Ogden Nash)*

***Scepticisme*** is de kuisheid van het intellect. *(George Santayana)*

Ik ben te sceptisch om aan niets te geloven. *(Benjamin Constant)*

Het ***schandaal*** begint zodra de politie er een einde aan stelt. *(Karl Kraus)*

***Schijnheilig*** zijn biedt enorme voordelen! *(Molière)*

***Schoonheid.*** Ik ben het zat alsmaar te moeten horen dat schoonheid niet dieper reikt dan de huid. Dat is toch diep genoeg? Wat zou je willen: een verrukkelijke alvleesklier? *(Jean Kerr)*

Ik hou niet van mensen die nooit vielen of struikelden. Hun deugdzaamheid is levenloos en dus vrijwel waardeloos. Het leven heeft hun zijn schoonheid niet geopenbaard. *(Boris Pasternak)*

***Schrijven.*** Tijdens een officieel bezoek aan Israël werd de Duitse kanselier Willy Brandt, 1913-1992, rondgeleid in het pas voltooide Mann Auditorium te Tel Aviv. Hij hield er een toespraak waarin hij lucht gaf aan zijn ontroering en zijn trots omdat 'zulk een indrukwekkend gebouw werd genoemd naar een inderdaad eveneens indrukwekkende Duitse schrijver, Thomas Mann'. Dit bracht zijn gastheren in grote verlegenheid want ze moesten hem meedelen dat het Auditorium niet naar Thomas was genoemd maar naar Frederic Mann, een filantroop uit Philadelphia. Brandt vroeg: 'O, en wat heeft die dan wel geschreven?' De gids antwoordde: 'De cheque.'

De pen is machtiger dan het zwaard, en je kunt er bovendien veel makkelijker mee schrijven. *(Marty Feldman)*

***Schulden.*** God verhoede dat ik geen schulden meer zou hebben, alsof ik niet langer kredietwaardig zou bevonden worden. *(François Rabelais)*

***Schurk.*** Niemand wordt als schurk geboren. Om zover te geraken moet je goed je best doen. *(Rod MacKuen)*

Zo menig man was een schurk geworden als hij maar had geweten hoe. *(William Hazlitt)*

***Secretaresse.*** Mijn secretaresse diende haar ontslag in toen ze mij betrapte terwijl ik mijn vrouw kuste. *(Leopold Fechtner)*

Gelukkig de man met een vrouw die hem zegt wat hij moet doen en een secretaresse om het te doen. *(Lord Mancroft)*

Het is wel leuk te bedenken dat veel firma's in feite door secretaresses worden geleid. *(Germaine Greer)*

Een perfecte secretaresse klasseert alle documenten met 'Niet archiveren' op in de map 'Niet archiveren'.
*(Frank Church)*

Een verstandig man beklaagt er zich bij zijn vrouw over dat zijn secretaresse hem niet begrijpt.
*(Leonard L. Levinson)*

Op een dag stelde de secretaresse van Samuel Goldwyn hem voor alle documenten van meer dan tien jaar oud te vernietigen. Zei Samuel: 'Uitstekend idee! Maar vergeet niet er eerst een kopie van te maken.'

***Slagen.*** Er zijn momenten waarin alles je lijkt te lukken; wees maar niet bang: ze duren nooit lang. *(Jules Renard)*

Beter dan: 'Ik ben tevreden omdat ik geslaagd ben' is: 'Ik ben geslaagd omdat ik tevreden ben.' *(Alain)*

'Je bent jong zolang je nog niet geslaagd bent.' Als dat waar is zal ik niet zo snel oud worden. *(Emile Faguet)*

Niet slagen is een Misdaad en slagen dé maatstaf van het Goede. Ik vind dat in de hoogste mate grotesk.
*(Gustave Flaubert)*

***Slapeloosheid.*** Al meer dan een jaar heb ik niet geslapen. Daarom ga ik altijd vroeg naar bed: je hebt meer rust nodig als je niet kunt slapen. *(Aldous Huxley)*

De beste remedie tegen slapeloosheid is: eens flink uitslapen. *(W.C. Fields)*

***Slechtheid.*** Als je bedenkt hoe slecht de mensen zijn, is het verbluffend te zien hoe goed ze zich gedragen.
*(Salvador de Madariaga)*

***Slogan.*** Toen de grootwarenhuizengigant F.W. Woolworth zijn eerste winkeltje opende, plaatste een handelaar een paar meter verder een opvallend bord naast zijn deur met de slogan: 'Dit bedrijf bestaat al een halve eeuw!' Woolworth reageerde met een iets groter bord met daarop: 'Dit bedrijf bestaat pas een halve maand. Geen stof op de stock!'

***Sluwe mensen*** zijn het gereedschap waarmee slechte mensen werken. *(William Hazlitt)*

***Smeergeld.*** Ik heb vaak vastgesteld dat steekpenningen de verhouding tussen personen veranderen. Wie smeergeld aanbiedt, geeft iets van zijn eigen waarde prijs; zodra het aanvaard is, wordt hij de mindere, zoals een man die betaalt voor een vrouw. *(Graham Greene)*

***Snob.*** Om je een groeiend en duurzaam respect te verzekeren in de maatschappij, is het goed – als je tenminste talent hebt – al in je prille jaren een enorme schop te geven tegen het rechterscheenbeen van je geliefd milieu. En gedraag je daarna als een snob. *(Salvador Dali)*

***Snooker*** geeft je sterke handen en helpt om een karakter te vormen. Het is een ideale ontspanning voor toegewijde nonnen. *(Luigi Barbarito, Italiaans aartsbisschop)*

***Snuffelen*** waar al veel honden langskwamen is niet zo interessant als nieuwe bomen vinden.
*(Lothar-Günther Buchheim)*

***Soberheid.*** Alles ziet er anders uit als je sober bent. Voordien dacht ik dat ik dubbel zoveel meubelen had.
*(Nell Simon)*

***Spaarzaamheid*** is een zeer loffelijke gewoonte. Vooral als je ouders haar hebben gehad. *(Winston Churchill)*

Rijk word je niet door wat je verdient maar door wat je niet uitgeeft. *(Henry Ford)*

Lord Finchley werd geëlektrocuteerd doordat hij persoonlijk zijn stopcontacten wilde herstellen. Goed zo. Rijke lieden moeten geen werkgelegenheid van arme willen afnemen. *(Hilaire Belloc)*

***Sport.*** Echte sport heeft niets uit te staan met fair play. Zij is een kluwen van haat, afgunst, opschepperij, misprijzen voor alle regels en een sadistisch genoegen in het zien van geweld. Anders gezegd: sport is oorlog zonder schieten. *(George Orwell)*

Wie geen tijd heeft voor lichaamsbeweging, zal tijd hebben voor een hartinfarct. *(Manfred Köhnlechner)*

Een ***staf*** is een groep kaderleden die veel liever tot een verantwoord besluit komen dan tot een verantwoordelijke beslissing. *(Lord Annan)*

Kaderleden worden aangeworven om redelijke uitzonderingen op algemene regels te rechtvaardigen. *(Eugene E. Brussell)*

Een evenwichtig staflid is iemand die net meer peppillen neemt dan tranquillizers zodat hij net genoeg energie overhoudt voor zijn wekelijks bezoek aan zijn psychiater. *(Arthur Motley)*

Ik heb geen ander dan alledaags personeel nodig. Alleen mijn stafleden moeten intelligent zijn. *(Yoshiaki Tsutsumi)*

***Stafmeetings*** zijn vooral noodzakelijk als je wilt dat er niets wordt gedaan. *(John K. Galbraith)*

Wanneer alles gezegd en gedaan is, is er meestal veel meer gezegd dan gedaan. *(Clark Olmstead)*

Onbenulligheden nemen zoveel discussietijd in beslag doordat de meeste kaderleden daar zoveel meer van af weten dan van essentiële zaken. *(T. S. Weiss)*

Niet zozeer wat op de tafel ligt is van belang als wat errond zit. *(William S. Gilbert)*

***Statistiek.*** Zonder enige twijfel is roken een der voornaamste oorzaken van statistieken. *(Fletcher Knebel)*

***Stiptheid.*** In een van zijn staalfabrieken sloeg Andrew Carnegie, 1835-1919, een vergrijsde arbeider vriendelijk op de gekromde rug en vroeg hem hoelang hij al voor hem werkte. 'Veertig jaar,' antwoordde de man fier, 'en al die tijd ben ik slechts één keer een half uurtje te laat gekomen!' Zei Carnegie: 'Trek het u niet te erg aan. Maar zorg ervoor dat het nooit weer gebeurt.'

De man die erop staat dat alles precies op de juiste tijd gebeurt, zal zijn grootste stommiteiten precies op de juiste tijd begaan. *(Laurence J. Peter)*

De Italiaanse operacomponist Gioacchino Rossini, 1792-1868, werd vijf maanden na het huwelijk van zijn ouders geboren. Meteen had hij zijn lesje geleerd: sindsdien kwam hij nooit meer te vroeg op een afspraak.
*(Victor Borge)*

***Stommiteit.*** Een verstandig man begaat geen kleine stommiteiten. *(Goethe)*

Leer van de stommiteiten van anderen: je kunt ze niet allemaal zelf begaan. *(Martin Vanbee)*

Niet willen aannemen dat ook de intelligentste mensen stommiteiten kunnen begaan, is een misdaad tegen de rechten van de mens. *(Friedrich Nietzsche)*

Bega nooit tweemaal dezelfde stommiteit: er is keuze genoeg. *(Bertrand Russell)*

***Stress.*** Negentig procent van het werk in dit land wordt verricht door mensen die zich niet zo best voelen. *(Theodore Roosevelt)*

Het is moeilijk te houden van het mensdom tenzij je een redelijk goed inkomen hebt; en als je een redelijk goed inkomen hebt, heb je wel minder stresserende dingen te doen dan te houden van het mensdom. *(Hugh Kingsmill)*

Stress is nog altijd de voornaamste hartenbreker. *(Gerhard Uhlenbruck)*

Elke normale man moet soms wel bekoord worden om in zijn handen te spuwen, de zwarte vlag te hijsen en kelen over te snijden. *(H.L. Mencken)*

Het beste wat een mens presteert, komt altijd tot stand onder stress en met een aanzienlijk persoonlijk verlies. *(Williams C. Williams)*

Als je de hitte niet kunt verdragen, maak dan dat je de keuken uit bent. *(Amerikaans spreekwoord en lijfspreuk van president Harry Truman)*

***Subsidie.*** We komen zo stilaan op het punt waar iedereen iedereen subsidieert. *(H.S. Houthakker)*

***Succes*** is gevaarlijk. Je begint jezelf te kopiëren, en dat is veel gevaarlijker dan het kopiëren van anderen. Het leidt tot onvruchtbaarheid. *(Pablo Picasso)*

Succes is een resultaat, geen doel. *(Gustave Flaubert)*

Succes hangt af van drie factoren: wie zegt het, wat zegt hij, hoe zegt hij dat. De tweede factor is het minst van belang. *(John Morley)*

Een van de kwalijkste dingen aan succes is dat je succesrijk moet blijven. Talent is in dit geval slechts een vertrekpunt. Je bent genoodzaakt dat talent bij te schaven. Op een dag zal ik ernaar grijpen, en het zal er niet meer zijn. *(Irving Berlin)*

Succes is een vreselijke ramp, erger dan dat je huis afbrandt. *(Malcolm Lowry)*

Ik wens het niemand toe succes te hebben. Dan voelt men zich een beetje als een alpinist die zich kapotwerkt om de top te bereiken; en die daarna zo onopvallend en zo waardig mogelijk weer naar beneden gaat, of althans probeert dat te doen. *(Gabriel Garcia Marquez)*

Het beste wat succes oplevert is de ervaring dat je er niet naar moet verlangen. *(Liv Ullmann)*

Mijn formule voor succes? Sta vroeg op, werk tot ´s avonds laat, vind een oliebron. *(Jean Paul Getty)*

***Systeem.*** Nooit werd iets zo systematisch gedaan als tegenwoordig niets wordt gedaan. *(Woodrow Wilson)*

***Tabak en alcohol***, verrukkelijke vaders van duurzame vriendschappen en vruchtbare dromen. *(Luis Buñuel)*

***Talent*** is vaak een karaktergebrek. *(Karl Kraus)*

Op een dag bood een producer Igor Stravinsky 4.000 dollar aan om de muziek te schrijven bij zijn nieuwste film. Stravinsky, 1882-1971, vond dat honorarium veel te laag. 'Aan uw voorgangers hebben we nooit meer betaald,' protesteerde de producer. 'O maar,' repliceerde de componist, 'zij hadden talent, ik niet. Die klus zal me dus veel meer moeite kosten.'

***Tegenspreken.*** Zeldzaam zijn degenen die het waard zijn tegen te spreken. *(Ernst Jünger)*

Ik behoud me het recht voor mezelf tegen te spreken. *(Paul Claudel)*

***Tegenstanders*** behandelen met respect geeft hun een voordeel waar ze geen recht op hebben.
*(Samuel Johnson)*

***Tegenstrijdigheid.*** Waar de tegenstrijdigheden het overvloedigst zijn, bloeit de fraaiste hoop.
*(Ignatius van Loyola)*

De bron van alle ketterijen is het onvermogen om de overeenkomsten te zien tussen twee tegenstrijdige waarheden.
*(Blaise Pascal)*

***Telefoon.*** Als je tijdens een belangrijk diner wordt opgeroepen, mag je gerust telefoneren aan tafel als je maar de regels in acht neemt: bij vis en gevogelte past een witte gsm, zwart gaat bij al de rest, rood alleen bij het afzakkertje. *(Miss Piggy)*

***Televisie*** heeft de moord opnieuw gebracht waar hij thuishoort: in de huiskamer. *(Alfred Hitchcock)*

Ik vind televisie erg opvoedend. Telkens wanneer iemand hem aanzet ga ik in een andere kamer een boek lezen. *(Groucho Marx)*

***Terzake.*** Op de deur van de befaamde Aldine, de drukkerij die door Aldus Manutius, 1450-1515, in 1490 werd opgericht in Venetië, prijkte een bord waarop stond: 'Praat uitsluitend over zaken, en handel uw zaken snel af.'

***Te veel*** van het goede kan verrukkelijk zijn. *(Mae West)*

***Tevredenheid.*** Als je die paradijsvogel niet te pakken krijgt, stel je dan tevreden met een natte kip. *(Nikita Chroestsjov)*

Ontevredenheid zit in onze mentaliteit ingebakken. Wij zijn overdreven kritisch. Juist dat heeft ons zover gebracht. *(Peter Boenisch)*

***Theorie.*** Alleen de praktijk kan de theorie perfectioneren. *(François Babeuf)*

Mijn theorie is: geniet van het leven! Maar de praktijk wil niet mee. *(Charles Lamb)*

Niets ter wereld is zo'n droevig gezicht als een fraaie theorie die vermoord wordt door een brutaal feit. *(Thomas Huxley)*

***Tijd*** is geldverspilling. *(Oscar Wilde)*

We hebben niet genoeg tijd om ons genoeg tijd te gunnen. *(Eugène Ionesco)*

Tijd besparen kost tijd. *(Theodore Fox)*

Niet onze tijd is kort: wijzelf schieten tekort. *(Paul Claudel)*

Hoe minder men te doen heeft, hoe minder tijd men vindt om het te doen. Je geeuwt, je stelt uit. Wanneer men iets om het even wanneer kan doen, doet men het meestal helemaal niet. *(Philip Lord Chesterfield)*

Al weken heb ik geen tijd om te werken. *(Jack Kerouac)*

***Tijdverlies.*** De industrie heeft niets uit te staan met algemene ideeën. Zij heeft behoefte aan observaties, correcties, ramingen, kleine informaties, ideetjes, grote inspanningen om kleine dingen te realiseren. Zij heeft behoefte aan nuttig verloren tijd. *(Auguste Detoeuf, Frans industrieel † 1947)*

De meest humane manier om de tijd te doden is hem verliezen. *(Mark Kortehove)*

Verlies geen tijd met treuren om de tijd die je verloren hebt. *(Brochard)*

***Tijdverspilling.*** Je kunt je tijd niet verspillen door toch maar mee te willen wezen met je tijd: er zijn zoveel interessantere dingen te doen. *(Wallace Stevens)*

In alles en altijd mee willen zijn met je tijd is voorbijgestreefd. *(Eugène Ionesco)*

Bij het managen van onze eigen zaken gaan we uit van de theorie dat al wat zal gebeuren altijd onverwachts zal zijn, zodat zich zorgen maken over de toekomst tijdverspilling is. *(William Feather)*

Ik wil niet meegaan met mijn tijd of zelfs met geen andere tijd. *(René Magritte)*

***Toegeven*** dat men ongelijk heeft, is op een bescheiden manier bewijzen dat men een redelijker mens is geworden. *(Jonathan Swift)*
De wijste geeft toe; dat is het dwaaste. *(Lothar Schmidt)*

***Toekomst.*** Ik denk nooit aan de toekomst. Ze komt zo al snel genoeg. *(Albert Einstein)*

Ik denk veel aan de toekomst want ik zal er de rest van mijn leven in moeten doorbrengen. *(Woody Allen)*

Het beste aan de toekomst is wellicht dat ze in dagelijkse porties wordt opgediend. *(Dean Acheson)*

Ook de toekomst is niet meer wat ze geweest is.
*(Paul Valéry)*

Meestal is de toekomst al aangebroken voordat wij ertegen opgewassen zijn. *(John Steinbeck)*

Meng altijd toekomst in wat je onderneemt, maar let op de dosis. *(Victor Hugo)*

Het ***toeval*** helpt alleen wie er ogen voor heeft.
*(Louis Pasteur)*

Moed dient tot niets, het toeval beslist over alles, en de dapperste mannen vallen vaak onder de hand van lafaards. *(Tacitas)*

Niets in dit leven is zo zeker als dat het toeval bestaat. *(Leonardo Sciascia)*

Een gelukkig toeval bestaat niet. Wat men 'een gelukkig toeval' pleegt te noemen, is in feite aandacht voor het kleinste detail. *(Winston Churchill)*

Mijn hele leven lang werd ik geplaagd door vragen als: 'Waarom is dat zo en niet anders? Hoe kun je zoiets verklaren?' De passie om te begrijpen, om de leemten te vullen, maakt het leven alleen maar banaler. Als we de moed maar hadden om ons lot toe te vertrouwen aan het toeval, om te aanvaarden dat ons leven fundamenteel een mysterie is, zouden we misschien dichter het soort geluk benaderen dat de vrucht is van onschuld. *(Luis Buñuel)*

***Top.*** Het leven wordt alsmaar erger naarmate je de top nadert: de koude neemt toe met de verantwoordelijkheid. *(Friedrich Nietzsche)*

We mogen nog zo hoge stelten gebruiken, per slot staan we altijd op eigen benen. En op de hoogste troon ter wereld zitten we altijd nog op onze eigen kont.
*(Michel de Montaigne)*

Wees maar erg vriendelijk voor de mensen die je passeert terwijl je klimt naar de top: je zou hen wel eens kunnen passeren terwijl je de ladder afglijdt. *(Jimmy Durante)*

De snelste weg naar de top is: eigenaar zijn van het bedrijf. *(Lewis B. Ward)*

De mensen denken dat er niet veel plaats is op de top.Ze zijn geneigd te denken dat het daar is zoals op de Everest. Mijn boodschap is dat er massa's ruimte zijn op de top. *(Margaret Thatcher)*

Ik startte aan de top en heb mijn weg naar beneden zelf verdiend. *(Orson Welles)*

***Top secret*** is elk geheim dat je maar aan één persoon tegelijk mag voortvertellen. *(Oliver Franks)*

Het grote geheim van mijn succes: al op jeugdige leeftijd heb ontdekt dat ik geen god ben. *(Oliver W. Holmes)*

***Traditie.*** Er bestaat geen creatieve arbeid zonder traditie. Nieuwigheden zijn altijd variaties op wat al bestond. *(Carlos Fuentes)*

De echte meesters van de wereld resideren in de graven. *(Paul Valéry)*

***Triomf.*** Het ogenblik van triomf is veel te kort om daarvoor te leven, en voor niets anders. *(Martina Navratilova)*

Hoed je ervoor te triomferen over je baas. *(Baltásar Gracián)*

Triomferen is niet genoeg: bovendien moeten de anderen mislukken. *(Gore Vidal)*

***Tunnel.*** Het is bijzonder moeilijk het licht aan het eind van de tunnel te zien als er een kater in de weg zit. *(P.J. O'Rourke)*

We zagen het licht aan het eind van de tunnel. Het was uit. *(Anoniem)*

***Twijfel.*** De meeste mensen twijfelen aan iets gewoons omdat ze niet twijfelen aan iets anders. *(G.C. Lichtenberg)*

Alleen wie weinig weet, weet iets: met de kennis groeit de twijfel. *(Goethe)*

Wie dwaas is, beweert; wie geleerd is, twijfelt; wie wijs is, denkt na. *(Aristoteles)*

Zolang we twijfelen leven we nog. *(Graham Greene)*

Betwijfel alles minstens één keer - ook de bewering dat tweemaal twee vier is. *(Georg C. Lichtenberg)*

Wat we morgen kunnen realiseren wordt alleen beperkt door de twijfels en aarzelingen van vandaag. *(Franklin D. Roosevelt)*

Vaak heeft één twijfelaar meer gedaan voor de mensheid dan miljoenen goedgelovigen. *(Erich Limpach)*

***Uitblinken.*** Probeer altijd uit te blinken, maar alleen tijdens de weekends. *(Richard Rorty)*

***Uitbuiten.*** De mens exploiteert de mens, en omgekeerd. *(Woody Allen)*

***Uitleg.*** Een paar grammen onnauwkeurigheid bespaart tonnen uitleg. *(H.H. Munro)*

Hoed je ervoor te klare taal te spreken, vooral als je iets verklaart. *(Baltásar Gracián)*

***Uitstel.*** Stel nooit uit tot morgen wat je vandaag kunt doen, want als je er plezier aan beleeft, kun je het morgen nog eens doen. *(James A. Michener)*

***Upperdog.*** Ik kom op voor de upperdog. Vroeger kwam ik op voor de underdog want ik was er ook een. Nu zie ik onder welke druk de upperdogs staan. Als je erin slaagt een upperdog te worden, ervaar je het krabben en klauwen en graaien van iedereen die onder je staat en het gemunt heeft op jouw stek. De gemiddelde fan heeft geen idee van die druk noch van de emotionele hoogte die je elke week weer moet bereiken om niet weggebokst te worden uit de positie die je veroverd hebt aan de top. *(Bart Starr)*

Ik kijk naar de toekomst en ik weet, ik wéét gewoon, dat ik binnen twee maanden passé zal zijn. Ik bedoel, what the fuck is een supermodel? Ik ben een supervrouw en een supermenselijk wezen, iedereen kan dat zijn, iedereen zou dat moeten zijn. Ik wil de rest van mijn leven nog leven, ik wil me niet gedoemd weten om over twee jaar van een brug te springen. Maar ik zal passé zijn en iemand anders zal mijn plaats innemen, want zo gaat dat nu eenmaal in dit soort business en het is afschuwelijk.
*(Kristen McMenamy, 28, Amerikaans topmodel, in 1993)*

***Vakantie*** is een vaak overschatte onderbreking van de routine; zij is zo duur en oncomfortabel dat je vaak een nieuwe vakantie nodig hebt om ervan te bekomen. *(Edward Verrall Lucas)*

De Amerikaanse krantenmagnaat William R. Hearst, 1863-1951, was zo in de wolken over zijn topcolumnist Arthur Brisbane dat hij hem een half jaar betaalde vakantie aanbood. Tot zijn stomme verbazing weigerde Brisbane. Hij verklaarde zijn beslissing: 'In de eerste plaats vrees ik dat de oplage van de krant zal dalen als ik zo'n lange tijd wegblijf. En in de tweede plaats vrees ik dat ze niet zal dalen.'

***Vennootschap.*** In mijn jonge jaren maakte ik me zorgen over de macht van de vennootschappen, nu over hun onbekwaamheid. *(John K. Galbraith)*

***Vensters*** zet je zelf open om frisse lucht binnen te laten; als een collega ze openzet, krijg je een verkoudheid. *(Lucille Goodyear)*

***Verachten.*** De wereld verachten is gemakkelijk, en doorgaans te wijten aan een slechte spijsvertering. *(Kurt Tucholsky)*

***Verandering.*** Hoe meer alles verandert, hoe meer alles gelijk blijft. *(Alphonse Karr)*

Als het niet noodzakelijk is iets te veranderen, is het noodzakelijk niets te veranderen. *(Lucius Cary)*

Bij de mensen veranderen de vlinders in rupsen. *(Henry de Montherlant)*

Als we willen dat alles blijft zoals het is, is het noodzakelijk dat alles verandert. *(Giuseppe Tomaso di Lampedusa)*

Als alles goed loopt is het hoog tijd om iets anders te beginnen. *(Fernand Deligny)*

Er is één ding dat nooit verandert: in elke periode en telkens weer blijkt dat de wereld 'onherkenbaar veranderd' is. *(Marcel Proust)*

Als je vijanden wilt maken, probeer dan iets te veranderen. *(Woodrow Wilson)*

***Verantwoordelijkheid.*** Sedert ik geen verantwoordelijkheid meer hoef te dragen, voel ik me onfeilbaar. *(Henry Kissinger)*

Gedeelde verantwoordelijkheid wordt zelden in het midden opgesplitst. *(Henry S. Haskins)*

***Verbeelding*** en fictie maken ruim driekwart uit van ons werkelijk leven. Zeldzaam immers zijn onze reële contacten met goed en kwaad. *(Simone Weil)*

Vaak is het juist door zijn gebrek aan verbeelding dat een mens veel lijden bespaard blijft. *(Marcel Proust)*

Verbeelding is belangrijker dan kennis. *(Albert Einstein)*

Zonder dat de verbeelding meespeelde, is nog nooit ergens creatief werk tot stand gekomen. Wat wij aan het spel van de verbeelding verschuldigd zijn, is niet te meten. *(Carl Gustav Jung)*

***Verbergen.*** Vaak is het gemakkelijker iets te verbergen dan het feit te verbergen dat je iets verbergt. *(Georg C. Lichtenberg)*

***Verborgen verleiders.*** Maak dat je er gebronsd uitziet; woon in een fraaie building (al was het in de kelder); laat je zien in de chicste bars (ook als je niet meer dan één drankje kunt betalen); en als je geld leent, leen er dan meteen een grote smak. *(Aristoteles Onassis)*

***Verdienen.*** Niemand is zo ontgoocheld als de man die krijgt wat hij écht verdient. *(Herbert V. Prochnow)*

***Verdraagzaamheid*** is een andere naam voor onverschilligheid. *(W. S. Maugham)*

***Vergeten.*** Nooit toont een mens zo duidelijk wie hij is als wanneer hij zichzelf vergeet. *(André Gide)*

Onze successen spreken voor zich. Wat we niet uit het oog mogen verliezen is het spoor van onze mislukkingen, ontmoedigingen en twijfels. We neigen ertoe de voorbije moeilijkheden te vergeten, de vele valse starts en het pijnlijke tasten in het duister. We zien onze successen als het eindresultaat van een trefzekere sprong vooruit, en onze huidige problemen als tekenen van achteruitgang en verval. We moeten de moed hebben om niet te vergeten. *(Eric Hoffer)*

***Vergeven*** is gemakkelijker nadat je je vijand hebt afgetuigd. *(Olin Miller)*

Ons is gezegd: 'Laat de zon niet ondergaan over uw toorn.' Dat is, vanzelfsprekend, een goede raad. Maar ik zou er als algemene regel willen aan toevoegen: 'Doe of schrijf nooit iets *zonder* dat de zon erover is ondergegaan.' Het is onthutsend welk een andere kijk we krijgen op een gebeuren wanneer er vierentwintig uur over zijn heengegaan. *(Sydney Smith)*

De wereld kan praktisch alles vergeven, behalve dat iemand zich uitsluitend met zijn eigen zaken bemoeit. *(Margaret Mitchell)*

Liefde vergeeft alles, vooral eigenliefde. *(Franz von Schönthan)*

Heel wat veelbelovende pogingen tot verzoening zijn mislukt doordat beide partijen wel bereid waren de andere vergiffenis te schenken, maar niet om van die andere vergiffenis te krijgen. *(Charles Williams)*

Het is zeer makkelijk andermans vergissingen te vergeven. In elk geval is er meer lef en schranderheid nodig om iemand te vergeven die getuige is geweest van jouw stommiteiten. *(Jessamyn West)*

***Vergissing.*** Ik heb me vergist: waarom verbaast u dat? Ik ben toch ook maar een mens. *(Menander, ca. 300 v.C.)*

Bega een vergissing nooit tweemaal, tenzij ze rendeert. *(Mae West)*

Het kan geen kwaad zich af en toe te vergissen, vooral als dat snel wordt ontdekt. *(John M. Keynes)*

Wie zijn deur sluit voor elke vergissing, sluit ook de waarheid buiten. *(Rabindranath Tagore)*

Onwetendheid en vergissingen zijn nodig om te leven, zoals brood en water. *(Anatole France)*

Vergissingen uit het verleden zijn de beste leerschool om nieuwe te maken. *(A.J.P. Taylor)*

***Verkeer.*** Wat onze kinderen moeten vrezen is niet het aantal wagens op de verkeerswegen van morgen, maar onze zelfbeheersing bij het berekenen van het 'aanvaardbaar' aantal kinderen dat doodgereden wordt.
*(J.G. Ballard)*

***Verkopen.*** Joseph Duveen werd wereldberoemd doordat hij als jongeman vaststelde dat er in Europa enorm veel kunstschatten waren en in Amerika enorm veel geld. 'Mij restte niets anders te doen dan die twee gegevens met elkaar te verzoenen.' Toen iemand hem verweet dat zijn prijzen onbetaalbaar waren, antwoordde hij: 'Wie veel geld betaalt voor iets dat onbetaalbaar is, doet altijd een koopje.' En toen een dame aarzelde omdat hij haar een renaissancebeeld aanprees dat duidelijk gerestaureerd was, zei Duveen: 'Ach, mevrouw, als u drie eeuwen oud was zou u ook gerestaureerd moeten worden om er weer mooi uit te zien.' Hij deinsde ook niet terug voor een slag onder de gordel van een concurrent. Zo bracht hij de firma Agnew & Sons onberekenbare schade toe toen een schatrijke en zeer preutse Amerikaan zijn advies inwon over een schilderij dat zij te koop aanbood. Duveen prees het stuk de hemel in en zuchtte dan: 'Jammer dat die cherubijntjes erop zo duidelijk homoseksueel zijn.' Daardoor kreeg Agnew & Sons het label opgeplakt 'pornografie' te slijten, met alle gevolgen van dien.

De economie staat of valt met de verkoop van auto's. We moeten dus meer auto's kopen dan we nodig hebben, zo niet zullen we niet genoeg geld verdienen om auto's te kunnen kopen. *(Jack Wilson)*

Koop schapen, verkoop herten. *(Spreekwoord in Babylon ca. 1500 v.C.)*

Iets uit voorraad verkopen aan iemand die er zijn zinnen op heeft gezet, is geen kunst. De kunst is: iets verkopen dat je niet in voorraad hebt aan iemand die er helemaal geen belangstelling voor heeft. *(James Seligman)*

Weten hoe je wind verkoopt is een grote kunst. *(Baltasar Gracián)*

***Verleden.*** Wie zich het verleden niet kunnen herinneren, zijn gedoemd het te herhalen. *(George Santayana)*

De goeie ouwe tijd wordt met de jaren ouder en beter. *(Alfred Oder)*

***Verleden en toekomst*** beschouwen als tegenstellingen is absurd. De toekomst brengt ons niets, schenkt ons niets: wij zijn het die haar moeten opbouwen door haar alles te geven, tot en met ons leven zelf. Maar om te kunnen geven moeten we bezitten, en we bezitten geen ander leven, geen ander levenssap dan de schatten die wij van het verleden hebben geërfd en die door ons werden verteerd, omgezet in vlees en bloed, herschapen. Onder alle menselijke behoeften is er niet één zo vitaal als die aan het verleden. *(Simone Weil)*

Wie alsmaar emmert over de toekomst maakt haar even vervelend als het verleden. *(Jean Rostand)*

De toekomst beïnvloedt het heden even sterk als het verleden. *(Friedrich Nietzsche)*

Het verleden niet vereren, de toekomst niet vrezen. *(Henry Ford)*

De toekomst wordt gemaakt van hetzelfde materiaal als het verleden. *(Simone Weil)*

Voor het verleden: hoed af! Voor de toekomst: vest uit! *(H.L. Mencken)*

Je kunt je toekomst nooit plannen op grond van je verleden. *(Edmond Burke)*

***Verlegenheid.*** Menig man wordt geprezen wegens zijn gereserveerdheid en zogeheten verlegenheid terwijl hij gewoon veel te hooghartig is om het risico te durven lopen zichzelf belachelijk te maken. *(John Boynton Priestley)*

De verlegen man ontdekt vroeg of laat dat hij zonder reden verlegen is geweest omdat, in feite, niemand ook maar de geringste aandacht aan hem besteedt. *(Robert Lynd)*

***Verlies.*** Het is een socialistisch idee dat winst maken een ondeugd is; ik beschouw verlies maken als de ware ondeugd. *(Winston Churchill)*

***Vernederen.*** Niets vernedert meer dan minkukels te zien slagen in ondernemingen waarin je zelf bent mislukt. *(Gustave Flaubert)*

Niemand kan u vernederen zonder uw toestemming. *(Eleanor Roosevelt)*

Niets is zo vernederend als het besef van de doorslaggevende invloed van de ingewanden op de gedachten en gedragingen van de mens. *(John Lancaster Spalding)*

***Vertrouwen.*** Voordat je iemand kunt vertrouwen moet je enkele tonnen zout met hem hebben gegeten. *(Cicero)*

Robert Bosch, 1861-1942, begon in 1902 bougies te maken in Stuttgart en veroverde daarmee in weinige jaren een stevig aandeel op de wereldmarkt. Toen men hem vroeg hoe hij dat had klaargespeeld, zei hij: 'Ik heb altijd liever geld verloren dan vertrouwen. Trouw aan mijn woord is me meer waard dan snelle winst.'

***Verwondering.*** Alles is wonderbaar. Het is een wonder dat we in ons bad niet oplossen als een klontje suiker. *(Pablo Picasso)*

***Vijand.*** De meesten wensen hun vijanden een spoedige dood toe, ik niet. Ik bid: 'Heer, schenk hun jicht, overstelp hen met nierstenen.' *(Mary Wortley Montagu)*

***Villen.*** Wie zijn klanten vilt moet altijd een beetje huid overlaten om aan te groeien zodat hij hen opnieuw kan villen. *(Nikita Chroesjtsjov)*

***Vleierij*** is ongevaarlijk zolang je haar niet inhaleert. *(Adlai Stevenson)*

Wie in volle ernst zegt dat hij elke vorm van vleierij verafschuwt, kent niet elke vorm van vleierij. *(Georg C. Lichtenberg)*

***Voetstuk.*** Wanneer je momumenten sloopt, bewaar dan altijd het voetstuk. Het kan nog ergens te pas komen. *(Stanislaw J. Lec)*

***Volmaaktheid.*** De kunstenaar die in alles de volmaaktheid nastreeft, bereikt haar in niets. *(Eugène Delacroix)*

***Voorbeeld.*** Het is veiliger iemands raad dan iemands voorbeeld te volgen. *(Josh Billings)*

De enige rationele manier om iemand op te voeden is: een voorbeeld te zijn – desnoods een afschrikwekkend voorbeeld. *(Albert Einstein)*

***Vooroordeel.*** Soms ervaren wij het verlies van een vooroordeel als een vermindering van onze kracht.
*(Eric Hoffer)*

De mens sluit zich bij ideeën aan, niet omdat ze hem logisch of kennelijk juist lijken, maar naarmate hij er genoegen in schept of belang bij heeft. Daarom zijn de meeste waarheden niets anders dan vooroordelen.
*(Rémy de Gourmont)*

Er zijn mensen die te stom zijn om vooroordelen te hebben. *(Egon Friedell)*

***Voorspellen.*** Ik doe geen voorspellingen omdat ik de eerste grote doorbraak in mijn carrière te danken heb aan een voorspelling die later verschrikkelijk verkeerd bleek.
*(Peter J. Drucker)*

Er kan niets gebeuren zonder dat ergens iemand zegt: 'Zie je wel? Ik had het toch voorspeld!' *(J.M. Martin)*

Economen bewijzen hun nutteloosheid als ze in stormachtige periodes alleen maar weten te zeggen dat de oceaan na de storm, *'op lange termijn'*, weer tot bedaren zal komen. *(John M. Keynes)*

***Vooruitgang*** is prachtig maar hij sleept nu al veel te lang aan. *(James Thurber)*

Misschien mag men stellen dat de vooruitgang van de mensheid per slot niets anders is dan het aangroeien van wat we niet weten. *(Maurice Maeterlinck)*

Niets gaat zo snel achteruit als vooruitgang. *(e.e. cummings)*

Wat we vooruitgang noemen is alleen het inruilen van het ene ongemak tegen het andere. *(Henry Havelock Ellis)*

Vooruitgang: 1.000 dingen verbeteren; 999 verslechteren. *(Henri Frédéric Amiel)*

We zijn veel verschuldigd aan Thomas Edison: was hij er niet geweest dan zouden we nu naar de televisie moeten kijken bij kaarslicht. *(Milton Berle)*

Even geen vooruitgang: dát zou pas een vooruitgang zijn! *(Oliver Hassencamp)*

In wat we vooruitgang noemen gaat 90 procent van onze inspanningen naar het zoeken van remedies voor kwalen die we niet gehad zouden hebben zonder de voordelen van de resterende tien procent. *(Claude Levi-Strauss)*

***Voorzorg.*** Je neemt overdreven voorzorgen om een ongeluk te voorkomen en het overvalt je juist wegens al die voorzorgen. Zo heb ik een kostbare vaas weten breken doordat iemand haar verwijderde van de plaats waar ze minstens zes maanden lang ongestoord had gestaan: die iemand vreesde plots dat ze op een kwalijke dag door onachtzaamheid omgestoten had kunnen worden. *(Georg C. Lichtenberg)*

***Vragen.*** Men moet veel geleerd hebben om zinvolle vragen te kunnen stellen over wat men niet weet. *(Jean-Jacques Rousseau)*

Er is een overschot aan simplistische vragen en een tekort aan simpele antwoorden. *(Lothar Schmidt)*

Een vraag stellen die niet gesteld moest worden, is het zekerste middel om te bewijzen dat ze gesteld moest worden. *(François Mitterand)*

***Vredelievend.*** Ik ben een zeer vredelievend man. Mijn verlangens zijn bescheiden: een hutje, een strodak, een goed bed, zeer verse melk, wat bloemen voor mijn venster en een paar mooie bomen voor mijn deur. En als de Hemel me wérkelijk gelukkig wil maken, zal hij mij het genoegen schenken zo'n zes of zeven vijanden van me in die bomen te zien bengelen. *(Heinrich Heine)*

Een ***vriend*** die niet in nood verkeert, is een ware vriend. *(Kin Hubbard)*

Wanneer iemand lacht met zijn eigen ellende, verliest hij een massa vrienden: zij vergeven het hem niet dat hij hun leedvermaak afneemt. *(H.L. Mencken)*

Wens je vrienden nooit veel geluk toe als je hen niet wilt verliezen. *(Baltásar Gracián)*

Een goede vriend kan je binnen één minuut vertellen wat er met jou aan de hand is. Doorgaans is hij een minuut later geen goede vriend meer. *(Arthur Brisbane)*

Het ergste is: vrienden nodig hebben en merken dat je er geen hebt. *(Plutarchus)*

***Vriendelijkheid.*** Je bereikt meer met een vriendelijk woord en een geweer dan met een vriendelijk woord alleen. *(Al Capone)*

***Vriendschap*** die stoelt op zaken is beter dan zaken die stoelen op vriendschap. *(John D. Rockefeller jr.)*

De mens is het enige dier dat vriendschappelijk kan blijven omgaan met zijn slachtoffers tot hij ze opeet. *(Samuel Butler)*

Veel vrienden hebben betekent: geen vrienden hebben. *(Aristoteles)*

Niets verstevigt een vriendschap zozeer als de overtuiging bij elk van hen dat hij beter is dan de andere. *(Honoré de Balzac)*

***Vrijheid*** betekent alleen: niets meer te verliezen hebben. *(Janis Joplin)*

Wanneer de mensen volkomen vrij zijn om te doen wat ze willen, apen ze doorgaans elkaar na. *(Eric Hoffer)*

Met niets mag men zich minder vrijheden veroorloven dan met de vrijheid. *(André Breton)*

De grootste vijand van vrijheid zijn op hol geslagen vrijheden. *(Otto Kahn)*

Vrijheid is in de eerste plaats het recht op ongelijkheid. *(Nikolaj Berdjajev)*

***Waanzin.*** De meeste mensen zijn zo gek dat het bepaald geen compliment is van iemand te zeggen dat hij boven het gemiddelde uitsteekt. *(W. S. Maugham)*

Nooit bestond er een genie zonder een korreltje gekte. *(Aristoteles)*

Het is overbekend dat alle patiënten in een gekkenhuis lijden aan de (tot het uitzinnige ontwikkelde) waan dat ze superieure mensen zijn. *(Charles Baudelaire)*

***Waarde.*** Het is waar dat ik een miljard dollar waard ben; maar denk eraan: een miljard dollar is ook niet meer waard wat het geweest is. *(Jean Paul Getty)*

***Waardigheid.*** Alleen de mens kent zich waardigheid toe; daarom is alleen de mens belachelijk. *(Ronald Knox)*

Alleen mensen van klein kaliber staan op hun waardigheid. *(Arnold Bennett)*

***Waarheid*** is evenwicht, maar het tegenovergestelde van waarheid, onevenwicht dus, is daarom nog geen leugen. *(Susan Sontag)*

De waarheid is het kostbaarste wat we bezitten. Laten wij er dus zuinig mee omspringen. *(Mark Twain)*

Niets is waar zonder zijn tegendeel. *(Martin Walser)*

Aan elke waarheid behoort men toe te voegen dat men zich de tegengestelde waarheid herinnert. *(Blaise Pascal)*

De waarheid is niet simpelweg wat je denkt: zij omvat ook de omstandigheden waarin ze werd gezegd, en tot wie, en waarom, en hoe. *(Václav Havel)*

Hoe waarachtiger een gebeurtenis is, des te onwaarschijnlijker is ze. *(Fjodor M. Dostojevski)*

De waarheid bestaat; alleen de leugen wordt uitgevonden. *(Georges Braque)*

De waarheid is een valstrik: je kunt haar niet vangen zonder zelf gevangen te worden. *(Søren Kierkegaard)*

***Wall Street.*** Iedereen kan zelfs zijn hemd in Wall Street verliezen als hij maar over genoeg geld en inside-information beschikt. *(Joseph Kennedy)*

***Wandelen.*** Ik ben dol op lange wandelingen, vooral als ze gemaakt worden door lieden die me de keel uithangen. *(Fred Allen)*

***Wanhoop.*** Leren leven op korte termijn. Als ik wanhopig ben, zeg ik mezelf: 'Hoe dan ook, dit kun je toch nog wel een kwartier overleven.' *(Theodor Haecker)*

Wanhoop niet – ook niet over het feit dat je niet wanhoopt. *(Franz Kafka)*

***Wanorde.*** Als de regel wanorde is, zal orde op zaken stellen je zwaar worden aangerekend. *(Paul Valéry)*

Wanorde is de beste dienares van de gevestigde orde. *(Jean-Paul Sartre)*

Het enige wat zich in een organisatie spontaan ontwikkelt is wanorde, wrijvingen en onproductiviteit.
*(Peter F. Drucker)*

***Wantrouwen*** is veeleer een deugd dan een gebrek zolang het de taak vervult van een waakhond die niet bijt. Een wijs man houdt zijn verdenkingen gemuilkorfd maar klaarwakker. *(George Savile)*

Het is een zonde kwaad te denken van anderen, maar zelden een vergissing. *(H.L. Mencken)*

**Wedergeboorte.** Ik geloof niet in reïncarnatie. Als ik iemand een schop tegen zijn kont wil geven, kan ik dat bijgevolg maar best meteen doen want ik geloof niet dat ik daar later nog de kans toe zal krijgen. *(Maurice Bowra)*

**Weer.** Een verandering van weer volstaat om de wereld en onszelf te herscheppen. *(Marcel Proust)*

**Weigeren.** Zeg altijd eerst 'neen'; als dat nuttig is, kun je daarna nog altijd 'ja' zeggen. Maar je moet nogal wat registers opentrekken om 'neen' te mogen zeggen als je eerst 'ja' hebt gezegd. *(André Citroën)*

De kunst van het leiding geven bestaat erin 'nee' te kunnen zeggen. Het is zeer gemakkelijk 'ja' te zeggen. *(Tony Blair)*

**Weldenkend.** Ik wou maar dat die 'weldenkende' lieden de plaats zouden ruimen voor mensen die wél denken. *(Natalie C.Barney)*

**Weldoen.** Niemand doet zijn medemensen ongestraft goed. *(Auguste Rodin)*

De meeste mensen aan wie een gunst is bewezen, zien daar een aanleiding in om te tonen dat ze 'niet te koop zijn' veeleer dan om dankbaar te wezen. Dat is niet alleen moreel veel simpeler, maar het verhoogt soms hun trots zodanig dat ze vrij snel gaan neerkijken op hun weldoener. *(Arthur Schnitzler)*

Weinig mensen doen zoveel kwaad als zij die rondgaan al weldoend. *(Mandell Creighton)*

***Welstand.*** Alleen wie in welstand leeft, schimpt op welstand. *(Ludwig Marcuse)*

Er is welstand wanneer de mensen meer uurwerken hebben dan tijd. *(Werner Mitsch)*

***Wennen.*** Een mens went letterlijk aan alles en zeker als hij ziet dat niemand anders zwaar tilt aan wat hem bedrukt. *(Ljev Tolstoj)*

***Wensen.*** Laat altijd iets te wensen over zodat je je niet ellendig hoeft te voelen van louter geluk. *(Baltasar Gracián)*

***De wereld*** is klein, maar ik zou hem toch niet graag helemaal in de verf moeten zetten. *(Steven Wright)*

***Wereldverbeteraars*** zijn de eigenlijke vijanden van de open maatschappij. *(Karl Popper)*

***Werken*** is het heerlijkste wat er bestaat; we moeten er dan ook altijd een stukje van opsparen voor morgen. *(Don Herold)*

Er zijn te veel mensen die leven zonder te werken, en veel te veel die werken zonder te leven. *(Charles R. Brown)*

Als je liever niet zou werken kun je maar best genoeg geld verdienen om niet te hoeven werken. *(Ogden Nash)*

We blijven maar het feit over het hoofd zien dat werken een vorm van vrijetijdsbesteding is. *(Mark Abrahams)*

Werken lijkt op een nachtmerrie: je wilt eruit, maar je hebt die slaap nodig. *(Roger van Oech)*

Bij nader toezien is werken vaak minder vervelend dan zich amuseren. *(Charles Baudelaire)*

Niets is echt werken, tenzij je liever iets anders zou doen. *(James M Barrie)*

Mijn vader leerde me hard te werken. Hij leerde me niet dat graag te doen. Ik heb nooit graag gewerkt en ik kom daar rond voor uit. Ik wou liever lezen, verhalen vertellen, moppen tappen, kletsen, lachen: álles liever dan werken. *(Abraham Lincoln)*

Werk acht uur en slaap acht uur; en laat die uren niet samenvallen. *(T. B. Pickens)*

Indien werken zo heerlijk was als de rijken beweren, zouden zij het wel voor zichzelf in beslag hebben genomen. *(Bruce Grocott)*

Toen ik jong was, werkte ik twaalf uur per dag voor een kapitalist en ik was constant moe; nu werk ik twintig uur per dag voor mezelf en ik ben nooit moe. *(Chroesjtsjov)*

Verlangen te werken is zo'n zeldzame neiging dat ze verdient aangemoedigd te worden. *(Abraham Lincoln)*

Werken is de vervelendste manier om rijk te worden. *(Neal Acherson)*

Ik ken niemand die zeven dagen per week werkt en die, geestelijk of lichamelijk, geen wrak is. *(Robert Peel)*

Het is een alledaagse vaststelling dat een werk aansleept tot de beschikbare tijd om het te doen is opgebruikt. *(Cyril Northcote Parkinson)*

Er gaan massa's mensen dood aan langer te werken dan het belang van hun werk rechtvaardigt. *(Rudyard Kipling)*

Ik hou niet van werken, zelfs niet wanneer iemand anders het in mijn plaats doet. *(Mark Twain)*

***Werkgever.*** Niet de werkgever betaalt het loon, hij overhandigt alleen wat geld; het product betaalt het loon. *(Henry Ford)*

Alfred Krupp, 1812-1887, bouwde de kleine staalgieterij van zijn vader met zijn zeven arbeiders uit tot een gigantische firma met 21.000 werknemers. Zijn lijfspreuk was: 'Klein beginnen, doorbijten bij moeilijkheden, streven naar groter.' Niet alleen in de beginjaren was dat 'doorbijten' nooit ver weg. Even vaak herhaalde hij dan ook: 'Wie werkt, begaat fouten. Wie veel werkt, begaat veel fouten. Alleen wie de handen in de schoot legt, begaat nooit fouten.' Legendarisch zijn de duizenden papiertjes waarop hij zijn bedenkingen neerpende en waaruit hij in zijn laatste jaren het befaamde 'Reglement van de Krupp-Werke' distilleerde. Zijn commentaar daarbij bevat 'gedragsregels' als deze: 'Hoe sneller ik mijn eigen ingrijpen als overbodig kan beschouwen, hoe liever. Ik snak ernaar "overbodig" te worden en koester dan ook slechts één wens: zodanig vervangbaar te worden dat ik op gelijk welk moment uit het bedrijf kan stappen zonder gemist te worden. Iedereen zou daarnaar moeten streven. Wanneer een bedrijf geheel afhankelijk wordt van één mens verkeert het in levensgevaar.'

Een werkgever krijgt doorgaans de werknemers die hij verdient. *(Walter Bilbey)*

***Wijsheid*** is de kunst te weten voor wat je de ogen moet sluiten. *(William James)*

Mijn devies is: zo lang jong blijven als je maar kunt. Niets compenseert die onvolprezen onnozelheid welke de partner is van de jeugd, die even optimistische als ongegronde verwachtingen en die levenslustige zelfoverschatting welke de basis vormen van alle levensgeluk. Tot mijn uiterste ergernis word ik elke dag wijzer. *(Mary Wortley Montagu)*

We zijn het zo gewoon 'wijsheid' te vereenzelvigen met 'uitgedoofde passies' dat het voor ons moeilijk is in te zien dat wijsheid de intensiefste en meest geconcentreerde vorm van hartstocht is, het klompje goud dat uit vuur werd geboren en niet uit as. *(Marguerite Yourcenar)*

Dit is bepaald niet de geringste onder alle levenswijsheden: laat de dingen met rust. *(Baltasar Gracián)*

Er is een wijs man voor nodig om een wijs man te herkennen. *(Xenophanes)*

Niets bewijst zo duidelijk een gebrek aan wijsheid dan het verlangen een leven te kunnen leiden vervuld van wijsheid. *(Giacomo Leopardi)*

***Winnen.*** Wie zegt: 'Winnen of verliezen is niet zo belangrijk' heeft waarschijnlijk verloren. *(Martina Navratilova)*

In een bokswedstrijd mag je de eerste veertien rounds verliezen: als je erin slaagt je tegenstander te vloeren in de laatste tien seconden van de vijftiende round ben je wereldkampioen zwaargewichten. *(H. Ross Perot)*

***Winst.*** Wanneer iemand zaken begint te doen uitsluitend om geld te verdienen, zal hij dat waarschijnlijk niet doen. *(Joyce Clyde Hall)*

Een bedrijf dat alleen maar winst maakt is een trieste onderneming. *(Henry Ford)*

Er kleeft iets ziekelijks aan de mens die alleen in geld geïnteresseerd is. En je kunt hetzelfde zeggen van een bedrijf dat alleen uit is op winst. *(Richard Haayan)*

***Woorden*** zijn soms een bruikbaarder middel om niets te zeggen dan zwijgen. *(Simone de Beauvoir)*

***Zaken doen*** is nooit gezonder dan wanneer je, als een kieken, nogal moet scharrelen voor de kost. *(Henry Ford)*

Weinig mensen doen goede zaken als ze alleen maar zaken doen. *(Chesterfield)*

Ik hou niet van zaken doen. Daarom ben ik daar zo goed in. Als je iets verknoeit, moet je het immers nog eens doen. *(Pierre Bergé, president van Yves Saint-Laurent in 1988)*

Het zakenleven: een combinatie van oorlog en sport. *(André Maurois)*

Een zakenman is een kruising tussen een danser en een rekenmachine. *(Paul Valéry)*

***Zandkorrel.*** Het zijn de kleine dingen die ergeren en daardoor ons leven vergallen. Ik kan opgewekt vechten tegen een storm tot het bloed me welhaast uit de aderen barst; maar een briesje dat een zandkorrel in mijn oog drijft kan me zodanig opwinden dat ik op de grond stamp van woede. *(Søren Kierkegaard)*

***Zekerheid.*** Er bestaat vrijwel nooit iets dat enige zekerheid ook maar benadert. *(Lee Iacocca)*

Er is maar één zekerheid, namelijk dat niets zeker is. Daarom is het ook helemaal niet zeker dat niets zeker is.
*(Plinius de oude)*

Ook van het ergste kun je niet altijd zeker zijn.
*(Pedro Calderón de la Barca)*

Welke ook je zekerheden zijn, wees van één ding absoluut zeker: je bent geen haar beter dan de rest.
*(James R. Lowell)*

De man die altijd zeker is van zijn stuk, is altijd een stuk onbenul. *(H.L. Mencken)*

***Zelfbedrog.*** We liegen het luidst als we tegen onszelf liegen. *(Eric Hoffer)*

Niets is zo moeilijk als zichzelf niet bedriegen.
*(Ludwig Wittgenstein)*

***Zelfkennis.*** Als ik goed ben, ben ik zeer goed; maar als ik slecht ben, ben ik beter. *(Mae West)*

Jezelf kunnen zien zoals de anderen jou zien is een zeer heilzame gave. Nauwelijks minder belangrijk is het vermogen de anderen te zien zoals zij zichzelf zien.
*(Aldous Huxley)*

Zo is het met de meesten onder ons gesteld: we zijn wat de anderen zeggen dat we zijn. We kennen onszelf van horen zeggen. *(Eric Hoffer)*

***Zelfrespect*** is niet iets waarachter men zich kan verschuilen. Wanneer je er het meest behoefte aan hebt, is het weg. *(May Sarton)*

***Zelfverbetering.*** Ik ben een slecht, een gemeen man maar ik doe aan morele zelfzuivering. Ik eet geen vlees meer maar rijstburgers. *(Vladimir Iljitsj Lenin)*

***Zelfwerkzaamheid.*** Op een dag klampte een in lompen geklede man baron de Rothschild aan met de klacht: 'Al drie dagen heb ik niet kunnen eten!' De baron antwoordde: 'Allons mon ami, je moet je forceren!' *(Ernst Jünger)*

***Zenuwcrisis.*** Een van de symptomen van een naderende zenuwinzinking is het geloof dat wat je doet verschrikkelijk belangrijk is. Als ik arts was, zou ik vakantie voorschrijven aan iedereen die zijn werk belangrijk vindt. *(Bertrand Russell)*

***Ziekte.*** Ik ben ervan overtuigd dat alleen ziekte sommige deuren kan openen. Misschien sluit zij ons af van bepaalde waarheden, maar gezondheid sluit ons even drastisch van andere af of maakt dat wij er geen aandacht aan besteden noch erdoor worden aangesproken. *(André Gide)*

Een van de kleine genoegens des levens is een beetje ziek zijn. *(Harold Nicolson)*

Met wie zijn ziekte nauwkeurig kan beschrijven, is het zelden heel erg gesteld. *(Zhuangzi)*

Verbaas je maar niet dat er ontelbare ziektes zijn: tel het aantal koks. *(Seneca)*

Ziektes zijn een luxe welke weldra alleen artsen zich nog zullen kunnen permitteren. *(Wolfram Weidner)*

Wie geen nieuwe geneesmiddelen wil gebruiken, moet zich verwachten aan nieuwe ziektes. *(Francis Bacon)*

***Zoeken.*** Menig man reist de hele wereld rond om te zoeken wat hij nodig heeft, en vindt het op hem zitten wachten bij zijn thuiskomst. *(George Moore)*

Wie vindt zonder te zoeken, heeft lang gezocht zonder te vinden. *(Gaston Bachelard)*

***Zorgen.*** Een groot aantal zorgen kan gemilderd worden als wij ons realiseren dat wat ons zorgen baart niet zo belangrijk is. Onze daden zijn niet zo gewichtig als we geneigd zijn te geloven; onze successen en mislukkingen betekenen in feite niet zo erg veel. *(Bertrand Russell)*

Al wie een beetje wijsheid heeft vergaard is wijs genoeg om te beseffen dat het nutteloos is zich zorgen te maken. *(Tensin Gyatso, veertiende Dalai Lama)*

***Zwartwerken.*** De toename van het zwartwerken bewijst dat de doorsnee burger helemaal niet zo'n afkeer heeft van werken, als hij maar niet gehinderd wordt door een firma, een vakbond of, tot op zekere hoogte, de regering. *(Prins Charles van Engeland)*

***Zwijgen.*** Niets versterkt autoriteit zozeer als zwijgen. *(Charles de Gaulle)*

Woorden leiden tot misverstanden. Maar het is niet al goud wat zwijgt en verzwegen wordt. *(Franz Blei)*

God zwijgt. Als nu ook nog de Mens zijn bek zou houden... *(Woody Allen)*

*Heel ons leven is één citaat*
(Jorge Luis Borges)